倭違無端開釁不
遵公法擊傷運船
朝廷震怒立飭海軍
大隊鐵甲前往仕
勦開仗於牙山洋
浪之中埋霧騰空
殺聲高震轟沈倭
連鐵甲三艘餘
數艘羽毀無
飛雲僅未相欣
吾敵將倭迎敗北
情形繪圖貼華
天下懷忠之
者爭先快覩勇紆
公憤他日水陸並
進不難一戰盪
平

NISSHIN SENSO
BY Tadashi OTANI
Copyright © 2014 Tadashi OTANI
Original Japanese edition published by CHUOKORON-SHINSHA, INC.
All rights reserved.
Chinese (in Simplified character only) translation copyright © 2019 by
Social Sciences Academic Press
Chinese (in Simplified character only) translation rights arranged with
CHUOKORON-SHINSHA, INC. through Bardon-Chinese Media Agency, Taipei.

甲午战争

日清戦争

近代日本初の対外戦争の実像

[日] 大谷正 著
刘峰 译

社会科学文献出版社
SOCIAL SCIENCES ACADEMIC PRESS (CHINA)

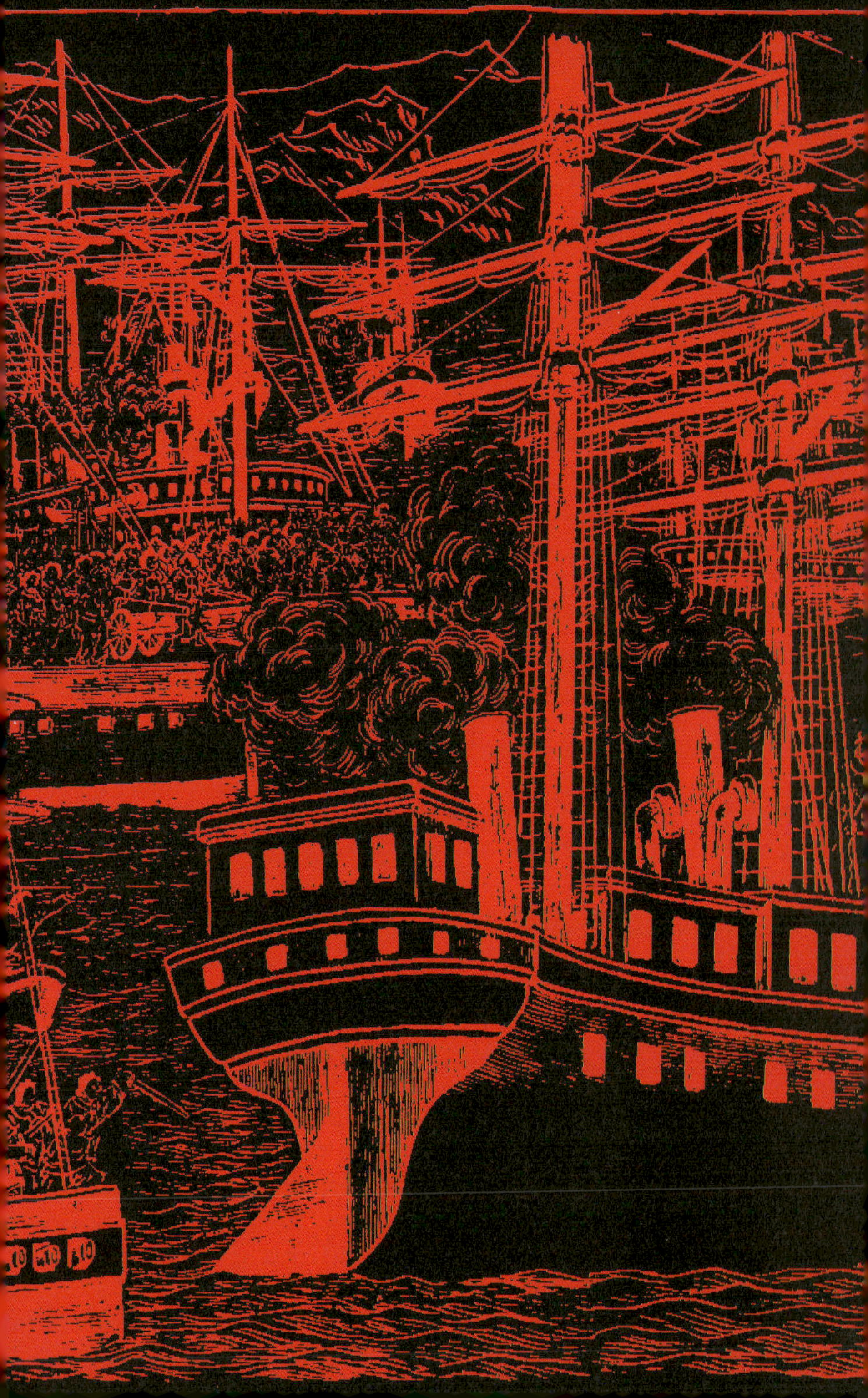

序

姜 鸣

1894年爆发的甲午战争,在中国近代史上是一个重大的转折点。在此之前的数十年里,西方列强势力东来,成为中日两国共同面临的挑战和千年未遇的变局。如何应对变局,学习西方,开展政治体制、军事力量、经济和社会文化建设的顶层设计,寻找各自发展道路,推进现代化事业的发展;如何在错综复杂的局面中,趋利避害,纵横捭阖,关系到国家和民族的命运,也涉及东亚的国际关系。日本开始了明治维新,推进富国强兵、殖产兴业和文明开化的国策,中国也开展了洋务运动。双方在军队发展上还相互比照和追赶,最终因日本仿效列强在朝鲜推行侵略扩张路线,两国1894~1895年爆发战争,中国战败。日本由此快速崛起,并进一步走向帝国主义道路,中国则陷入被列强瓜分的半殖民地悲惨境遇。

在总结中国近代化何以遭受挫折、失败的历史教训时,甲午战争一直是中国人的心结。中国学术界乃至社会各界一直高度关注这一历史事件,取得很多研究成果,出版了大量专著和史料。但相比较而言,对于日文史料的挖掘和翻译出版还是相对较少,对于日本学者的专著译介更是不多。近四十年里,仅有藤村道生的《日清战争》和中塚明《还历史本来面目——日清战争是怎样发生的》。这本《甲午战争》,是大谷正教授2014年出版的著作,虽属于普及读物，对中国读者而言仍属于最新的研究成果。

客观说来，在甲午战争这个题目中，中国读者对于日本海军建设的诸多细节相对熟悉，但对于同时代日本陆军的发展了解不多，尤其是深入到军队建设的各个分支——部队编制、武器装备、后勤保障、军事教育，乃至对各级军事指挥机构的建制了解都很浅。对于同时代日本国内各种政治派系、政党组织和社会力量的研究更不充分，较多地将其笼统看作一个整体，很少像日本学界那样，将每个重要历史人物的出生地域、所属党派或政治团体进行分别研究，也很少将日本政治家和军部代表人物的不同主张进行细微的比较。此外，甲午战争起源与朝鲜东学党起义，更深远地来说，涉及朝鲜现代化过程中中朝两国的互动，以及日本对朝鲜的殖民侵略和扩张政策。如何将这一课题放在甲午战争整个历史背景和演进过程中来把握，恐怕中国史学界目前的研究还很不够。尤其当战争推进到中国本土之后，对于朝鲜农民起义的后续，以及日本对朝鲜义兵的镇压行动，了解就更不够了。

大谷正教授的《甲午战争》，在以上方面恰好为我们打开了视野，弥补了缺陷。比如甲午战争的开战时间，以往研究多以1894年7月25日丰岛海战日本联合舰队突然袭击北洋海军济远舰为开端，而日本学者提出了7月23日日军突袭朝鲜王宫，率先向朝鲜开战的观点。当然，大谷正认为此观点源于桧山幸夫和斋藤胜二的研究，而就我所知，日本中塚明教授早在1994年参加甲午战争一百周年国际学术讨论会时就提出这一观点。中国的戚其章先生认为，如果将其概括为甲午战争，以国别划分可分为两个阶段：第一阶段，以7月23日事变为起点，乃是日本发动的对朝鲜的侵略战争；第二阶段，以7月25日丰岛海战为起点，乃是日本发动的对中国的侵略战争（见戚其章为《还历史本来面目——日清战争是怎样发生的》一书所作的序言）。不管怎么说，源于日本学者的见解现在已经成为中日史学界的共识，也写进新的研究著作，这就是对于学术的重要贡献。

又如大谷正教授研究日军在朝鲜作战时运输辎重的驮马和军夫，这个课题很不引人注目，但在军事作战中却是重要的后勤保障环节。日军在学习西方军事现代化的时候，不仅引进武器装备，也引进了后勤补给体系，设立了野战医院和卫生队，配置了辎重兵和辎重运输兵。甲午战争时日军还在民间招募军夫，并强征朝鲜劳工和马匹。大谷正教授在书中专门列出这场战争时日军各部队配置的运输兵、军夫、马匹、车辆的详细数量并进行分析。同时他注意到，由于出兵仓促，朝鲜百姓的抵抗和民夫逃亡，造成日军弹药粮草保障的困难，给战斗力造成直接影响，直到平壤战役之后才从清军遗留武器和粮食中得到补给。清军士气低落和临战溃退，是日军取胜的客观原因。他的结论也提示我们，军事史研究时，后勤保障研究是不能忽略的重要方面。

大谷正教授用相当篇幅介绍日本政府借助媒体进行战场报道，一方面操控国内舆论，调动民众对战争支持的情绪，让他们逐渐萌生出"日本国民"的共同意识；另一方面操控国际舆论，用日本的侵略逻辑解释其在朝鲜和中国东北的残暴行为，用欧美读者熟悉的语言抢占外宣主导权，炮制出甲午战争是"文明对野蛮"战争的歪理。从形态上看，日本各类新闻媒体向前线派出了近二百名随军记者、摄影师、画家和漫画家，还组织国际媒体记者随军进行报道，使得战况进展几乎同步地公开出现在读者面前。同时，日本内务大臣又颁布《审查内规》，载明了有关陆军、海军、外交领域的禁止事项和审查要求。本书还详细研究了战时日本各类报刊的出版情况、印刷技术的进步、摄影作品如何印制在书报上，这些饶有兴趣的细节，对于读者了解日本经历明治维新之后二十余年发展，其软实力和政府的管控能力都是很有意义的。在战时报道中，还涉及美国记者克里尔曼等人对旅顺大屠杀的揭露，日本国际法学家有贺长雄、高桥作卫为日本战争行为的辩护和在国际上展开公关行动等，显示甲午战争研究所涉及的更有深度的专业领域。

大谷正教授毕业于大阪大学，现在是日本专修大学文学部教授，专研东北亚近现代史和甲午战争。本书篇幅不大，事件取舍剪裁和叙述具有日本学者的风格，有的地方寥寥数语深入浅出，有的地方浓墨重彩详尽展开，其实都蕴含他多年研究的心得。相信中国读者阅读后能够得到启迪，从更多的角度把握甲午战争的方方面面。

2019 年 2 月 14 日

目 录

序 章 ··· 1

第一章 战争前夕的东亚 ································· 5
  一 朝鲜的近代与天津条约体制 ······················· 5
  二 日本与中国的军备扩张 ····························· 19

第二章 从出兵朝鲜到日中开战 ························ 32
  一 甲午农民战争与日中两国的出兵 ················ 32
  二 开战前日中两国政府的困境 ······················ 42
  三 日中开战 ·· 50

第三章 占领朝鲜半岛 ···································· 64
  一 平壤之战 ·· 64
  二 黄海海战与日本国内形势 ························· 81
  三 甲午改革与歼灭东学农民军 ······················ 88

第四章 侵略中国领土 ···································· 95
  一 第一军与第二军的大陆侵略 ······················ 95

甲午战争

　　二　"文明战争"与旅顺屠杀事件 …………………… 102
　　三　冬季战斗与谈和提议 …………………………… 116

第五章　战争体验与"国民"的形成 ……………………… 128
　　一　媒体与战争：报刊、新技术、随军记者 ………… 128
　　二　地方与战争 ……………………………………… 149

第六章　《马关条约》与侵占台湾 ……………………… 173
　　一　条约签订与"三国干涉还辽" …………………… 173
　　二　台湾的抗日斗争、朝鲜的义兵斗争 …………… 184

终章　何谓"甲午战争" ………………………………… 196

参考文献 ………………………………………………… 211

译后记 …………………………………………………… 219

序　章

甲午战争是 19 世纪末在东亚爆发的一场大战。

当时的人们究竟是如何称呼这场战争的？在英语中，抑或在当事国中，它是怎样被命名的？之所以要首先提出这个问题，乃是因为对战争的命名原本就与对战争性质的认识紧密相关。

在英语文献中，一般将其称为 The Sino-Japanese War of 1894 – 1895，即 1894~1895 年中国与日本之间爆发的战争。在中国，不会把日方使用的"日清战争"这一名称简单颠倒过来成为"清日战争"，而会使用"甲午中日战争"之名。但如今一提到"中日战争"就会自然将其与抗战对应起来（日方称"日中战争"），故为与此区别，中方使用了"甲午中日战争"（1894 年是农历甲午年）或"第一次中日战争"的称呼。此外，中国在历史上还称这次战争为"中国与东洋之战"，也曾使用过"中东战争"的叫法。韩国则普遍将这次战争称为"清日战争"。

日本从开战以来就一直使用"日清战争"的称呼，但政府和陆军却曾将其命名为"明治二十七、八年战役"。与被称为"明治十年战役"的西南战争、"明治三十七、八年战役"的日俄战争一样采用"某某年战役"的表达方式，以图回避对内容的讨论而追求形式上的统一。这是一种官僚阶级的思维。另外，鉴于战争当事国包括日本、中国和朝鲜三个国家，外务省也曾将其称为"日清韩事件"或"日清韩交涉事件"。由于甲午战争的称谓与交战国、战争时期存在关联，故本书的终章还将进行探讨。

在日本近代史的通史性叙述中，也曾有将甲午战争与十年后的日俄战争合并起来统称为"日清·日俄战争"的说法。但在这种情况下，其重点往往会被置于规模更大的日俄战争，甲午战争只会被描述成走向日俄战争的一个过程。由于两者的性质是完全不同的，故将其合称为"日清·日俄战争"的做法并不妥当。

日俄战争是进入20世纪后最先爆发的一场列强之间或帝国主义国家之间的战争。由于它部分地展现了第一次世界大战所具有的总体战形态，故有学者曾主张将其定位成"第零次世界大战"。他们认为日俄战争未能发展成全面总体战的原因在于：日本与俄国均系二流帝国主义国家，且其战场位于远离欧洲、生产力低下、交通不便的中国东北与朝鲜。更何况在开战之后的1904年4月，援助日本的英国与援助俄国的法国之间还缔结了协约，使其并未像一战那样将列强卷入进来而成为世界性的战争。

在甲午战争时期，日本与中国虽是东亚的强国，但并非近代的帝国主义国家。两国以被动的姿态进入到西欧列强于19世纪中期带到东亚的西欧式外交关系之中，被不平等条约所束缚。同时，以中国为中心的传统国际秩序尚与西欧式的外交关系并存。当时围绕朝鲜问题所产生的国际关系将成为甲午战争的一个诱因。若从这一角度来看，对情况相异的两种对外关系之复杂性加以关注显然是十分必要的。

在甲午战争中，日本以朝鲜问题为契机发动了战争。而清政府，尤其是作为北洋通商大臣（以下简称北洋大臣）负责对朝外交的李鸿章则致力于避免战争的爆发。在东亚拥有权益的欧美列强，特别是英、俄两国亦曾为了阻止战争而采取过调停行动。但为何日方仍旧决意开战呢？为何战斗未能止步于朝鲜而进一步向中国东北、山东半岛、台湾、澎湖列岛扩大，最终发展成了全面战争呢？对此，各方有着不同的见解。

在过去，日本为了推行西欧式的近代化政策，曾坚持认为改造以中国为中心的东亚国际秩序势在必行，认为甲午战争作为明治维新后对朝鲜、中国侵略政策的延续是不可避免的。换言之，当时日本的政府与军方都相信日清必有一战，故为此做着积极的准备并最终开战。该见解至今仍旧作为一种常识在日本广泛流传。但在1980年代以后，不少研究者开始从实证的角度对甲午战争的必然性展开批判。

不仅是对于两国开战的研究，与甲午战争相关的军事史研究、社会史研究亦得以深化。这是近年来日本学界的一个特征。此外，还有东亚国际关系史、日本统治下的朝鲜第二次农民战争、台湾抗日斗争等方面的研究成果问世。得益于这些多角度研究的推动，甲午战争虽然规模相对较小，却比日俄战争呈现出了更为复杂的样态。它给日本与东亚带来了巨大的变化，在东亚史中得到了定位，逐渐具备了从各个层面实现立体理解的条件。

本书的目的，就是将近年来有关甲午战争的研究情况通俗易懂地传达给读者。本书将按如下内容展开叙述。

第一章，作为甲午战争的前提，概述1880年代东亚的基本情况。主要论述1885年以后在东亚出现的作为日中协调体系的"天津条约体制"，以及在此体系下日中两国军事近代化的进展情况。

第二章，阐明在"天津条约体制"的变迁过程中，因朝鲜的甲午农民战争①而发生的日中两国出兵朝鲜，之后走向开战的具体过程。

第三章，开战后在朝鲜半岛的战斗。

第四章，在中国领土上的战斗。与研究开战过程相比，长期以来对于甲午战争时期军队、战斗、战略的探讨明显不足。有鉴于此，本书将会尽可能多地充分介绍该领域近年来的优秀研究成果。

第五章，不仅会像第一章至第四章那样进行政治史、外交史的研究，还将涉及社会史、媒介史方面的内容，尤其将考察战争的信息究竟是如何被传达给日本民众的，这些信息的传达给日本民众及各地方带来了怎样的变化。

第六章，分析两国的和谈问题、台湾的抗日斗争以及朝鲜的义兵斗争。

甲午战争虽然规模有限，却颇为复杂，若本书能为理解其复杂性提供一些帮助，将是笔者的荣幸。

此外，本书日文版因是便携本，故未在文中标记引用文献。读者诸君若想进一步了解本书内容的相关依据，可参考书末的参考文献。敬请谅解。

---

① 中国称为"东学党起义"。——译者注

第一章　战争前夕的东亚

一　朝鲜的近代与天津条约体制

"附属国"与"自主国"

甲午战争的起因，在于1894年夏日本与中国围绕朝鲜支配权所展开的争夺。那么为何日中两国非要争夺对朝鲜的支配权呢？为了说明这一问题，有必要从当时往前再追溯十年左右的时间，首先对1880年代的朝鲜展开讨论。

处于鼎盛时期的清朝曾采取朝贡、册封等方式与周边各国建立了关系，即周边国家的君主向中国皇帝派遣使节并表示臣服的意思（朝贡），中国皇帝赐予其官职与爵位，从而构建起君臣关系（册封）。由此，中国作为宗主国、周边国家作为附属国的"支配－从属"关系得以确立。

然而进入19世纪后，欧美各国将东南亚占为殖民地，俄国自北面袭来，这一传统的朝贡体系开始发生变化。鸦片战争后，中国自身亦与欧美各国缔结条约，从而导致以往以朝贡、册封为基础的传统关系与以条约为基础的西欧式外交关系并存。至1880年代，与中国保持朝贡、册封关系的国家大幅减少，几乎仅剩下朝鲜。

同时，日本自1875年的江华岛事件后不断压迫朝鲜政府，并于次年与其签订了《江华条约》（即《日朝修好条规》）。

《江华条约》第一款规定："朝鲜国乃自主之邦，具有与日本国平等之权。"故日方以此为依据认定朝鲜已成为西欧意义上的独立国家，实现了开国并与日本建立了外交关系，继续逼迫朝鲜签订不平等条约。

但是朝鲜却将《江华条约》视为江户时代朝日关系的延续，不打算与日本以外的西欧国家建立外交关系，并且宣称自己一方面是"自主之邦"，另一方面又是臣服于中国的属邦。因而对"自主之邦"的认知，日本、朝鲜和中国有着不同的理解，最终在甲午战争爆发时成为问题。

1879年，日本曾通过"琉球处分"[①]使中国失去了朝贡国琉球，致使中国的危机感逐步增强。而当时作为北洋大臣负责对外事务的李鸿章为了牵制俄国与日本，曾劝说朝鲜在维持与中国朝贡、册封关系的同时，与欧美各国缔结条约。朝鲜对此表示同意，而促使朝鲜政府最终做出决断的，正是时任清朝驻日公使馆参赞黄遵宪的《朝鲜策略》。该书主张为防止俄国南下，朝鲜应"亲中国，结日本，联美国"，以谋求自强。

朝鲜与欧美国家首次进行条约交涉的对象正是美国。当然，此时的朝鲜也并非直接与美国展开交涉。首先是1882年3~4月，美国海军军官薛斐尔（Robert Shufeldt）在天津与朝鲜宗主国的北洋大臣李鸿章进行谈判。谈判中，李鸿章曾认为可以接受条约中的规

---

① 撤销琉球藩，设置冲绳县。

定："朝鲜久为清之属邦，然内治外交已得自主。"朝鲜派来的吏曹①领选使金允植也表示赞同。但薛斐尔却强调此条款与西欧式的外交概念无法共存，故"朝鲜久为清之属邦"的字句并未出现在正式的条约之中。

1882年5月，曾留学法国并熟知国际法的李鸿章部下马建忠作为中间人来到了朝鲜仁川，在其斡旋之下朝鲜与美国签署了《朝美修好通商条约》。当时他们采取了如下措施：在条约之外另由朝鲜国王向美国总统提交一份马建忠起草的"属国自主"照会，其中含有"朝鲜乃清之属邦，然内治外交已得自主"字样。由此得以确认朝鲜既是自主国家，亦是清之属国。

此后，朝鲜在与英、德两国缔结条约时也采取了同样的方法。这使得清政府利用朝鲜在其主导下与欧美国家缔结条约之机，以传统的宗主权为依据介入朝鲜的外交。

开化政策与壬午军乱

1880年代，朝鲜第26代国王高宗李熙在位。② 1864年哲宗去世，李熙被选为继任者。他出身王室旁支，在民间长大，当时只有12岁，名叫李载晃，乳名命福。在此后的十年间，年幼的李熙受其父亲大院君李昰应掌控，推行了政治改革与锁国攘夷政策。

李熙成年后于1873年开始亲政并迫使大院君引退放权，但较其年长的王妃闵氏却不断扩大自己的势力。在李氏朝鲜，备受国王

---

① 掌管官员人事的机构。
② 1864～1897年称国王，1897～1907年称大韩帝国皇帝。

信任的王妃、王太后一族原本就有把持朝政并实施"世道政治"的传统。所以闵妃在扩大自己势力的同时，其家族骊兴闵氏也掌握了政权的中枢，当时的朝鲜政府被称为"闵氏政权"。19世纪末朝鲜政界的关键人物，正是李熙、大院君和闵妃。他们与国内外势力反复建立合作或对立的关系，导致朝鲜的政治变得扑朔迷离。

根据前面提到的《朝鲜策略》可知，李熙与高官对于俄国的威胁认知逐渐增强，遂开始转变对欧美策略，为谋求"自强"而在国内推行开化政策。1881年1月，他们设立了近代行政机构"统理机务衙门"，同时创建了最初的西式军队"别技军"，且聘用日本公使馆武官工兵少尉堀本礼造充任总教官。此外，他们还向日本派遣了名曰"绅士游览团"的视察团，考察近代的各类制度。

另外，朝鲜保守的儒学者则对政府发布《朝鲜策略》并推行开化政策表示反对。各地的儒生大肆非难开化论者，对李熙与闵氏政权的失败口诛笔伐。该运动愈演愈烈，促使原本失势的大院君于1881年着手谋划推翻闵氏、废黜高宗的行动，以便让其庶长子李载先继承王位，但最终以失败收场。

此外，在开埠通商后不断扩大的日朝贸易也对朝鲜社会产生了影响。当时日朝贸易的基本情况是：朝鲜以日本为媒介进口英国的棉产品，向日本出口金箔金和大米、大豆等粮食。然而，粮食的出口引发了不少问题。因为开埠通商后，首都汉城[①]出现了粮食供应不足、米价高涨的现象，其他地方也存在粮食不足的情况。这导致汉城的士兵等下层民众生活困难。

---

① 现名首尔。

结果在《朝美修好通商条约》签订后不久，朝鲜便爆发了"壬午军乱"[①]，士兵与民众对闵氏政权实施的开化政策发起了猛烈反抗。

"壬午军乱"的导火线是士兵的口粮被拖欠了13个月之久。1882年7月19日，终于配发下来的大米又由于仓库管理人员的贪腐而掺入了砂糠等物。在开化政策之下长期遭受冷遇的旧军队士兵以此为理由发动了叛乱。

7月23日，士兵开始发起有组织的行动，而个体商人、手工业者等城市下层民众亦夹杂其中。他们捣坏了闵氏高官的宅邸，杀死了"别技军"教官堀本礼造，进而夺取武器，袭击了汉城西大门外的日本公使馆。从公使馆逃出的花房义质公使等人次日逃抵仁川，后在英国测量船的帮助下回到了长崎。24日，士兵进攻王宫昌德宫，杀死了政府高官，但未发现闵妃的踪迹。他们事后才得知，闵妃当时化装成宫女从王宫逃了出去，隐身于故乡骊州。

李熙对此束手无策，只好将失势的大院君请回并委以大权。结果，重掌政权的大院君立即废除了开化政策并向叛乱的士兵做出了发放粮饷的保证，同时还为下落不明的闵妃举办了一场葬礼。

日中的应对

7月30日，日方通过花房义质从长崎发来的电报得知了"壬午军乱"一事。根据次日内阁会议上的决议，外务卿井上馨随即向花房义质发去训令，要求朝鲜政府公开谢罪、支付赔偿金，等

[①] 也称"壬午事变"。

等。同时还令其与三艘军舰一同返回仁川，并在此后增派了一个大队的兵力。

清政府 8 月 1 日从驻日公使黎庶昌的电报中得知了"壬午军乱"和日本派兵的消息。也恰在此时，朝鲜政府为镇压叛乱向清政府发来了派兵请求。由于李鸿章正因其母离世而服丧，故署理北洋大臣的张树声下令派遣马建忠与三艘军舰赴朝。马建忠认为事件的主谋乃大院君，应将其抓捕以镇叛乱，因此吴长庆的淮军亦被调派了过去。

事实上，清政府在事件后迅速反应并直接派兵的举动是出乎日本政府预料的。他们当时惊讶不已，而黎庶昌亦曾向日方通告：朝鲜乃清之属国，故中国将就此次事件查问朝方以便处理。结果日本政府判断认为，若清政府宣扬属国论并介入日朝交涉，则两国间的直接对决将不可避免，遂临时确定了对清开战的计划。山县有朋甚至已在福冈编好了混成旅团，以备交涉决裂后直接出兵。不过，在确认了清政府并无对决之意后，日本政府改变了这一敌对姿态，转而采取了温和的交涉路线。

花房义质 8 月 10 日从下关①出发，12 日抵达仁川，16 日率兵进入汉城，并在 20 日向李熙和大院君提交了日方要求，限三日内答复。

而清政府方面则由吴长庆率军于 8 月 20 日抵达仁川后前往汉城。马建忠当时与花房义质会面，强调了清政府并无对日开战的意图，且表示此行之目的在于平定叛乱，让政权重归国王。26 日，

---

① 即马关。——译者注

清军将被认定为事件背后主谋的大院君抓捕起来，带回了天津。

此外，马建忠还对朝鲜政府做出指示：与花房义质交涉时可完全接受日方的要求。同时他与吴长庆的部下袁世凯协商并平定了叛乱。正是在清政府的介入之下，朝鲜的政权又从大院君那里回到了李熙手中。结果闵氏政权得以复活，本以为不在人间的闵妃又回到了王宫。

"壬午军乱"平定之后，日朝两国的交涉于8月28日重启，并在30日缔结了《济物浦条约》和《日朝修好条规续约》。

《济物浦条约》规定：应对叛乱主谋处刑，为日本遇难者举行葬礼，向日本遇难者家属及负伤者提供补偿金五万日元，支付赔款五十万日元，为保护公使馆而允许日军驻扎汉城，向日本派遣使者赔罪。而《日朝修好条规续约》令朝方允诺：扩大开港（釜山、元山、仁川）及入境范围，在汉城南面的扬花镇开市，日本外交官拥有内地旅行权。

日方虽然通过这两个不平等条约在一定程度上扩大了其利益，但清政府亦通过派出大批部队镇压叛乱而强化了其对朝宗主权。吴长庆率领的三千名淮军在"壬午军乱"后仍旧驻留朝鲜，朝鲜军队也在袁世凯的指挥下得到了改编。而在贸易方面，中朝双方签署了《中朝商民水路贸易章程》，即在以往朝贡贸易和国境贸易的基础上又新增了通商口岸的贸易活动。

这里颇显重要的一点是，《中朝商民水路贸易章程》开头处明确写有"朝鲜乃清之属邦"的字样。并且其中虽然记载着"两国相互往开港地派遣商务委员"的条款，但因只有清政府驻朝商务委员才拥有领事裁判权，故其本质上并非互惠，而是相当于西欧式的不平等条约。据此可以认为，清政府此时一方面强化了对朝宗主权，另一方面亦与其签订了不平等条约。

清政府进而应朝方的邀请，由李鸿章推荐了德国人穆麟德（Paul Georg von Möllendorff）和马建忠的兄长马建常担任外交顾问。在他们的指导下，朝鲜设立了掌管外交的"统理衙门"①与掌管内政的"统理内务衙门"②，并起用大批开化派人物，从而取代了被大院君废止的"统理机务衙门"。

"甲申政变"：急进开化派政变的失败

在西欧、中国和日本三方势力不断博弈的过程中，朝鲜也出现了一批要求接受西欧文明、实施国内改革的开化派知识分子。譬如曾是汉城名门官僚子弟的金玉均、朴泳孝、洪英植、徐光范、金允植等人，就在闵氏政权推进开国、开化政策的1880年代负责政府事务，甚至有人曾作为外交使节前往日本和美国。"壬午军乱"以后，一方面，金玉均、朴泳孝等急进开化派对于清政府强化宗主权一事表示了反对，并试图排除其影响；而另一方面，金弘集、金允植、鱼允中等稳健开化派因尝试在维持对清朝宗藩关系的同时实施渐进变革，未参加"甲申政变"。

因越南问题，清政府自1883年开始与法国交恶，导致约半数驻朝淮军于1884年4月被调往中法战争的战场。到了8月，清政府正式对法宣战，朝鲜同时出现了"'壬午军乱'时被中国带走的

---

① 全称"统理交涉通商事务衙门"。
② 全称"统理军国事务衙门"。

第一章　战争前夕的东亚

大院君将要归国"的传闻。这些情况令朝鲜国王李熙极度不安，导致他开始倾向日本。也就在这一时期，法国向日本发出了共同对抗中国、构建同盟关系的提议。但日方对此置之不理，维持了中立的立场。

不过，随着中法战争的进行，日本外务当局的对朝外交却开始发生微妙的变化，出现了排除中国在朝影响力的意图。1884年10月30日，日本公使竹添进一郎返回汉城后便着手实施了对朝积极政策。他一面与急进开化派接近，一面恐吓朝鲜政府内的亲中派，甚至扬言要发动对中战争。

1884年12月4日，金玉均、朴泳孝等急进开化派借邮征局（即中央邮局）建局周年典礼之机发动政变，袭击了到场的闵氏亲信闵泳翊，让李熙自昌德宫移驾景佑宫，并要求竹添进一郎出动公使馆的警备兵力。他们杀死了闻讯赶往景佑宫的闵氏亲信，于5日在李熙之下成立了新政权，并在6日公布了政治纲领。

袁世凯在接到朝鲜政府派兵请求之后随即进入反攻态势，一举摧垮了新政府，击退了日军。在此形势下，金玉均提议将李熙带往通商口岸仁川以待日军救援，但竹添进一郎不同意。结果从汉城逃至仁川后，急进开化派的政变便宣告失败了。这就是所谓的"甲申政变"①。在此之后，金玉均、朴泳孝亡命日本，留在汉城的洪英植等人被杀，朝鲜国内要求脱中独立的急进开化派势力就此陨灭。另外，有30余名日本军人和侨民丧命，日本公使馆亦被大火焚毁。

在得知"甲申政变"的爆发与失败后，日本政府鉴于事态之

---

① 亦称"甲申事变"。

重大，令外务卿井上馨作为特派全权大使赴朝。井上馨抵朝后，对竹添进一郎擅自行动干涉朝鲜内政一事避而不谈，执意要求朝方承认"日方乃政变之受害方"并谢罪赔款。结果在1885年1月，朝鲜政府不得不为日本公使馆的焚毁、日本人的丧生而道歉赔偿，与日方签订了《汉城条约》。

长州派与萨摩派的对立

由于"甲申政变"引发过中日两国的武装冲突，故此时两国间的交涉开始成为必要。并且因为政变的失败，当时朝鲜的亲日派势力被消灭，汉城为清军所占据。

在日本政府内部，围绕着事件的处理及中日两国关系的重建问题，存在着两条对立的外交路线。

第一条路线主张尽量避免对朝鲜、中国开战，以和平方式解决问题，同时又试图阻止中国对朝鲜的实质性支配，以图将局势恢复到"甲申政变"之前的状态。坚持该主张的是主导日本对外政策的外务卿井上馨、宫内卿伊藤博文等长州派人物。

第二条路线主张不惧对中国开战并采取强硬方针，其主张者主要是高岛鞆之助、桦山资纪、仁礼景范和野津道贯等萨摩派军人。他们认为"甲申政变"的根本原因并非朝鲜内部的政治较量而是中日对立，而且自"出兵台湾"[①]以来中国对日关系每况愈下，双方开战将无法避免。鉴于时间越往后中国的军事力量将会越强，故应抓住时机立即开战，外交谈判是毫无意义的。然而，提出该主张

---

① 1874年日本侵略台湾。——译者注

的人物大多为次官或以下级别的官员，无法决定政府政策。虽然萨摩派元老西乡从道、川村纯义不及高岛鞆之助等人那样极端，却也算是主战论者，而该派领袖黑田清隆的立场并不明确，主张紧缩财政的大藏卿松方正义更是提出了反对意见。这意味着，在"甲申政变"的问题上，当时萨摩派内部并未形成统一的意见，其政治力量是无法压倒长州派的。

但是竹添进一郎幼稚地干涉朝鲜内政，导致"甲申政变"失败的举动却等同于长州派井上馨、伊藤博文等人对朝政策的失策，结果萨摩派的话语权在此后不断增强。同时，民间那些好战的媒体也开始煽风点火，使得对朝、对中强硬论逐渐流行起来并发展成了"开战热"，为萨摩派的主战论者提供了支援。

最终，日本政府在对中交涉问题上变得十分强硬，明知清政府可能拒绝，却仍提出了两国同时从朝鲜撤兵的要求。日本政府甚至下定决心，一旦清政府拒绝两国撤兵的要求，则断然开战。

"甲申政变"中清军取得了胜利，日本势力被逐出朝鲜，在此形势之下落败的日方反而主张两国同时撤兵，这种无理的要求是极有可能造成交涉破裂的。萨摩派将对中交涉理解为开战的一环，显然意味着直接负责交涉工作的外务卿井上馨、藩阀政府首脑伊藤博文已经处于困难严峻的境地。

《天津条约》与日中英的协调体制

1885年3月14日，伊藤博文作为特使抵达天津。他当时预想交涉将会非常艰难，但事实上期盼和平解决问题的英国已说服了清政府，并在谈判中与李鸿章达成了两国撤兵的共识。围绕日后对朝派兵问题虽然仍存对立，但两国最终相互承认了对朝鲜的派兵权并在撤兵的问题上达成了妥协。1885年4月，两国以此为内容正式缔结了《天津条约》。这意味着战争得以避免，日本国内长州派占据主导的政局维系了下去。

在缔结《天津条约》的同时，又发生了英国占领朝鲜南部巨文岛的事件。日本政府内部判断，世界性规模的英俄对立即将波及远东，俄国为对抗英国的这一举动或有可能南下朝鲜，故不安之感陡然加重。结果，日本政府将对朝政策的首要目标从阻止清政府势力扩大转变成了防止俄国南侵朝鲜。在此基础之上，为了对抗俄国，与清政府合作的必要性也就显现了出来。日方虽然仍不愿承认中国在朝鲜的宗主国地位，但也在一定范围内开始默认其对朝影响力的增强。

在巨文岛事件后的1885年6月，井上馨向清政府提出了《办法八条》，即愿意在双方协商的基础上同意由清政府主导朝鲜政府的改革，以阻止俄国势力的渗透。虽然该提案未能得到清政府的赞同，但可以认为这种以清政府在朝优越地位为前提，试图与其协调的对朝方针象征着当时日本政策的转变。

如上所述，日中两国之间虽然在1882年"壬午军乱"与1884年"甲申政变"时期出现过包括武装冲突在内的对立形势，但在1885年4月的《天津条约》与巨文岛事件之后，日本政府为对抗俄国向清政府提出了协调方针并得到了英国的支持。对于谋求在朝影响力，并避免对日战争的李鸿章来说，这是十分乐意的事情，所以包含英国在内，于1885年确立起来的日中在朝协调体制在此后持续了约十年之久，直至甲午战争爆发。

第一章　战争前夕的东亚

远东的俄国：虚像与实像

外务卿井上馨通过强调俄国威胁论提出了"日中英三国协调体制"的构想，但是当时俄国的威胁是否果真存在却是存疑的。在考虑这一问题的时候，当然有必要从俄方的意图与能力两方面加以探讨。但作为结论来说，显然在1885年这一时间点上很难认为俄国有夺取朝鲜的意图与能力。

1885年5月8日，俄国阿穆尔总督①的侍从长官科尔夫男爵与俄国外交部亚洲局局长季诺维也夫奉沙皇之命召开了对朝问题特别会议。这次会议判断："夺取朝鲜一事不仅无法保证我方获得如何之利益，且可能造成极为不利之结果。"

会议进而以此判断为根据，举出了如下三个要点：将来的情况暂且不论，至少目前夺取朝鲜所带来的经济利益是十分微小的；夺取朝鲜确实有可能获得重要的战略基地，但以阿穆尔军管区目前有限的军事实力难以负担其防卫任务；夺取朝鲜将有损对日、对中、对英关系。因此，俄国应该采取的方针为与在"甲申政变"中遭遇失败而暂缓入朝的日本政府保持协调并致力于维持朝鲜的现状。

可以说，1888年资料上记录的此次特别会议决定了俄国政府在朝鲜问题上的态度。将维持朝鲜现状放在最为优先的位置并以此作为与日本等国保持协调的基础，乃是俄方当时的政策。虽然凭借1888年的资料来推测1885年俄国政府的意图让人有些不确实之感，但若翻阅其他相关资料，亦可确认当时井上馨与日本政府的俄

---

① 管辖贝加尔湖以东所有俄国领土。

国威胁论是缺乏根据和过度敏感的。

事实上，当时俄国选择坚持对日协调政策还存在着地政学上的根据。

进入19世纪后，俄国曾一直谋求侵占千岛群岛、库页岛和黑龙江的出海口，且凭借1858年的《瑷珲条约》、1860年的《北京条约》攫取了黑龙江以北及日本海沿海地区。俄国1860年开始建设海参崴，并于1871年将远东地区的中心从黑龙江流域的庙街①移至此地。

在克里米亚战争期间的1854年，俄国东西伯利亚总督穆拉韦约夫（Nikolay Nikolayevich Muravyov-Amursky）曾沿黑龙江向出海口航行，宣告了其远东殖民的开始。之后，海军军官普提雅廷（Euphimis Vasilievitch Poutiatine）亦与江户幕府谈判，在1855年缔结了《日俄和亲通好条约》。在1854年之后的15年间，俄国从欧洲向远东移民的交通手段主要是"沿着西伯利亚公路东进，然后再乘船只沿黑龙江顺流而下"。但从1870年代末开始直至日俄战争爆发的三十余年间则主要凭借南海航线，即从黑海的敖德萨港出发，穿过苏伊士运河，经亚丁湾、新加坡、香港、长崎抵达远东的海参崴。这条南海航线并非仅是移民的通道，也是联系俄国欧洲部分与远东部分的纽带。

在此情况之下，日本的函馆、长崎等地成了俄国向远东发展时不可或缺的存在。尤其是长崎，不仅是俄国船只的停泊地与补给地，也是海参崴、旅顺（1898年以后）等地获取粮食、日用品、

---

① 即尼古拉耶夫斯克。——译者注

煤炭等补给的中转站。当时从此地输出的不只有物资，还有大批的"唐行妇"①，她们被送往海参崴和西伯利亚其他地方。在每年冬季的四个月时间里，以海参崴为据点，小规模的俄国太平洋舰队曾将长崎湾内的稻佐冲当成停泊站。该地有不少招待水兵的花街柳巷，俄国军官的日本女人亦聚居于此，俨然一幅"俄国村"的景象。

同时，由于对俄交往的加深，长崎的俄裔居民也不断增加。根据1900年前后的调查数据，当时在长崎居住的外国人中俄裔居民（包括大量犹太人）的数量仅次于中国人。如此看来，俄国向远东的发展与日本是紧密相关的。这势必意味着俄国当时的政策是以对日协调为基础的。

二　日本与中国的军备扩张

中国的军备近代化：淮军的膨胀

日本与中国都从1870年代开始建设近代军队，并在1880年代全面推进。以下将按照先中国后日本的顺序，对两国近代军队建设的过程与特色展开论述。

当时中国的正规军是八旗与绿营。所谓的"八旗"，即清太祖努尔哈赤所定之军事社会组织，他们以旗帜的颜色分为八军（黄、白、红、蓝、镶黄、镶白、镶红、镶蓝）。所有的满族成年男子均被配属于八旗之中，每旗7500人。到了清太宗皇太极时期，又增

---

① 九州，尤其是岛原、天草等地的性工作者。

设了蒙古八旗。清军入关占据整个中国后，八旗进一步扩张却仍显兵力不足，故又改编投降的明朝军队为绿营，并使之成为清朝正规军之核心。

然而这些正规军队却逐渐衰落了，到了近代已经是有名无实。自18世纪末至19世纪中期，一系列大规模动乱（如白莲教、太平天国、华北的捻军）动摇了清朝的统治，清政府对此束手无策。因此他们只得命令各地的权势人物临时征募团练以便应对。众所周知，太平天国运动时，官员学者曾国藩在其故乡湖南积极编练了"湘勇"（即湘军），而左宗棠与李鸿章则分别建立了楚军与淮军。这些团练有部分队伍装备了西式武器，采取了西式的组织与训练方式，故与近代军队的形成存在一些关联。

其中尤以李鸿章奉曾国藩之命组建的淮军为代表。李鸿章出生于安徽合肥，为了救援被忠王李秀成围困的上海，1862年，他在合肥附近组织了团练并亲自指挥。他的部下包括潘鼎新、吴长庆、刘铭传、周盛传等人，但其中有些人却与太平天国的军队保持着往来。从规模上来说，淮军最初是由李鸿章募集的2500人与湘军派来的3000人构成的，共计5500人。他们编练之后便进驻上海，不仅得到了丰富的财源与最新式的武器，而且实现了近代化，壮大了队伍。他们在平定太平天国运动中战功显赫，并在此后负责镇压捻军。

1870年天津教案发生后，李鸿章接替曾国藩出任直隶总督兼北洋大臣，同时淮军的主力亦移往天津。一方面，他在上海、南京、天津等自己的地盘上建造军工厂；另一方面，他从德国购买新式武器并聘请德国军人汉纳根（Constantin von Hanneken）等出任军事教官,并于1885年设立了天津武备学堂培养陆军军官。

1880年前后,李鸿章的淮军已扩张到十余万人,成为中国规模最大的陆军力量,其中吴长庆的部队在"壬午军乱"后暂时驻扎朝鲜。在当时,中国各地的乡勇正如淮军这样逐渐开始了向近代军队的转型并得到了中央政府的认可,而由中央政府主导建设征兵制军队的日本则显然与此有着较大的差异。

北洋海军的近代化

中国海军的起步是早于陆军的。早在1860年代清政府就已创设了福州船政局,进而又以日本"出兵台湾""琉球处分"为契机自1870年代开始重视海防问题。清政府自1875年起着手建设北洋海军和南洋海军,但在中法战争中,由于海军各指挥系统的不统一,福建海军和南洋海军遭到了法国舰队的重创。1885年,清政府为了统管海军各部在北京设立了海军衙门,但其统一的进程却迟迟未能展开。

北洋海军是由北洋大臣李鸿章负责建设的当时中国规模最大的海军力量,司令官是丁汝昌。丁汝昌原是太平天国的一员,后归顺湘军,不久改隶淮军,之后在清政府创办北洋海军时转行成了海军军人。

北洋海军的主力舰是1881年从德国订购的定远舰和镇远舰。它们作为七千吨级的装甲舰,装配有口径30厘米的主炮与15厘米的副炮,是当时东方最强的战舰。从德国运抵中国后,它们于1885年完成了首航,并于次年随北洋舰队到访朝鲜、海参崴和长崎等地。在访问长崎时,上岸水兵还曾与日本警察发生过斗殴事件。

此外，中国海军其他主要舰只还包括：德国建造的济远舰（2300吨）、经远舰（2900吨）、来远舰（2900吨），英国建造的致远舰（2300吨）、靖远舰（2300吨）等装甲炮舰与巡洋舰。它们全都装配有口径21厘米的火炮以及当时先进的15厘米克房伯炮。1891年定远舰、镇远舰与上述巡洋舰汇合后，丁汝昌便又率北洋舰队开往长崎炫耀。

"壬午军乱"以后日本的军事近代化

日本方面，在1873年发布征兵令之后便通过征兵制度创建了近代军队。虽然它最初是以维护国内治安为目的的，但得益于1880年代的扩军，至甲午战争前夕已发展成能够参与对外战争的军队。

1877年西南战争结束后，在大藏卿松方正义实施的紧缩财政政策之下，日本的陆海军一直保持着较小规模。直到"壬午军乱"爆发的1882年，日本的军事实力比起率先实施军事近代化的中国来说仍旧处于下风。

"壬午军乱"时，日本陆军的常备军数量不过18600人，与预备役士兵人数27600人相加也只有46200多人而已。为了弥补兵力的不足，日方曾考虑沿用西南战争时动员警视厅巡查的办法。但中国仅淮军就有十万以上兵力，仍难以抗衡。而日本海军则只有24艘舰船，共计27000吨，且包括一些小船与旧舰，作战能力颇为低下。

如前所述，此时日本业已存在主张对中国开战的强硬派。但客观来说，当时认为以此兵力能与中国正面对抗并取得胜利的军人实际上是非常少的。

"壬午军乱"让日本政府感觉到了与中国军事力量的巨大差距，故在此后选择了扩军。1882年8月15日，参议山县有朋[①]向内阁会议提交了《关于陆海军扩张的财政申请》，主张为防备中国，有必要整备军舰48艘，陆军补充常备兵4万名，且应坚决为此提供财政支持。作为陆军代表人物的山县有朋却将海军扩充当作首要课题，这或许说明，为了挽回"壬午军乱"时出现的海军劣势，当时日本的政府首脑已在发展海军的问题上达成了共识。

内阁会议决定扩军后，陆军卿大山严与海军卿川村纯义便向太政大臣三条实美递交了1883～1890年的八年扩军计划。大藏卿松方正义也于1882年12月26日向三条实美提交了通过增税实现军备开支扩张的方案。

该方案指出，可通过提高酿酒税、烟草税等税收来实现每年750万日元的增收，以此来满足每年300万日元的军舰制造费、每年150万日元的陆军兵员增加费，以及军舰维护费、炮台建设费等其他支出。内阁会议对此表示了认可，而且陆军方面在此后还进一步提出了追加扩军费用的要求，并在1883年1月、6月分两次得到了批准。结果其数额在1884年度为200万日元，1885年度以后每年都为400万日元。与此同时，海军方面则提出了大幅增加军舰制造费、缩短军舰制造周期的要求。

但是这一扩军计划在财政上是不可能实现的。日本陆海军在获

[①] 同时担任参谋本部长。

取预算的问题上相互斗争,即便能够按照计划获得税收也会遭遇不少困难。再加上松方正义不断推进财政紧缩政策所造成的税收减少,尤其是酿酒税、烟草税的减少,导致预算计划于1886年度陷入了困境。

为解决财政危机,大藏卿松方正义在维系紧缩财政的问题上与井上馨、伊藤博文等人形成了统一步调,并且还以功能不全为由,谋求太政官制向内阁制的转变(1885年12月)。在这一过程中,他们在外交政策上提出了对中国协调的主张,以便通过缩小或修订扩军计划实现经费的削减。

海军军备扩张的优先

为了与海军力量强大的中国对抗,自1883年启动的扩军计划实际上是优先发展海军的。但在海军内部围绕如何整备军舰的问题却发生过意见分歧,尤其是为应对清军舰队,究竟应在日本近海实施防御作战,还是应展开主动攻击的问题。

表1-1 甲午战争期间远东各国海军力量对比

单位:艘,吨

	开战时		与增派舰队的合计		备考
	军舰数量	总吨位	军舰数量	总吨位	
中 国	82 (25)	85000			参加甲午战争的军舰数量为22(12)艘,共40000吨
日 本	28 (24)	59000			

第一章 战争前夕的东亚

续表

	开战时		与增派舰队的合计		备考
	军舰数量	总吨位	军舰数量	总吨位	
英国	18	41752	28	86632	
法国	5	10064	13	30961	此外在越南还有12艘，共4000吨
俄国	10（10）	24174	21（12~14）	71863	
美国	4	8560	6	14303	
德国	2	978	9	20504	
意大利	2	2080	5	10326	

注：括号内数字表示鱼雷艇的数量。
资料来源：参謀本部編『明治二十七八年日清戦史』第1巻、1904、59、67頁；「東洋派遣諸国艦船一覧表」『秘密日清朝事件諸状報綴』、日本防衛研修所戦史部藏、Ref. Code：C06060155100。

当时负责海军舰船整备工作的是海军主船局局长赤松则良①。他在1884年5月提交了新的造舰计划，主张在预算的范围内为实施防御作战而整备舰队。对此，萨摩藩出身的海军军事部部长仁礼景范却以"执着于退守"为由对他的主张大加批判，认为应采取主动攻击的计划，将"不待敌方来袭便先攻其海岸并挫其海军"作为目标，建造两艘强于定远舰、镇远舰的一万吨级战舰，编组为两大舰队。这一方案显然忽略了既有的预算规模。

所以在面对1884年12月的"甲申政变"时，海军内部的萨摩派自然是主张对中国开战的，其中心人物为海军大辅桦山资纪和军

---

① 出身于海军传习所，曾乘咸临丸赴美，并与榎本武扬、西周等人一道留学荷兰。

事部部长仁礼景范。他们在开战论的问题上兴奋异常,甚至在此前仁礼景范提案的基础上又递交了一份舰队倍增计划:以八艘一万吨级的战舰为主力组建四大舰队,预算高达7500万日元。

这一预算超过了当时日本国家财政的收入,比此前的提案更加脱离现实。因此海军卿川村纯义无法统一海军内部的意见,导致其扩军计划事实上宣告破产。

结果,他们不得不自1886年起聘用法国海军技术官员白劳逸(Louis Émile Bertin)出任海军造舰顾问。白劳逸并不赞同花费高额经费建造大型战舰,而是主张制造价格相对低廉的鱼雷艇、巡洋舰和装甲海防舰等。他认为防备敌方舰队对日本的攻击才是更为现实的。

根据他的意见,日本海军在此后建造了三艘四千吨级的海防舰,[①] 并各装配了一门口径32厘米的火炮,将它们编为一组,用以对抗定远舰、镇远舰的30厘米火炮。同时还特别将其中的一艘放在横须贺造船所进行建造,以图吸收并追赶世界先进造船技术。此外,白劳逸还在"三景舰"之外制造出了多艘巡洋舰和鱼雷艇,并指导了吴港、佐世保海军工厂的生产。故可以认为,从1886年起至白劳逸1890年归国,日本海军的军备扩张是基于法国海军思想中重视鱼雷的防御性构想所实施的经济实用型建设。

1890年以后,日本海军开始配备超过一万吨的战舰和5000吨的一等巡洋舰,从而为白劳逸指导下的防御性海军添上了攻击性要素。不过由于民党占优的众议院再次对海军提出的造舰费用进行了

---

① 这三艘海防舰被称为"三景舰",分别是严岛舰、松岛舰、桥立舰。

削减，海军扩张迟迟未有其他进展。

另一个值得关注的问题是，根据在横须贺造船厂建设"三景舰"之一的桥立舰所获得的经验，日本海军在当时意识到了由于技术水平和工人熟练度的不足，自己实际上无法建造超过4000吨的大型舰船，因而作为战舰的富士、八岛两舰不得不从英国订购。① 由此，日本海军的扩军在此后与货币外流的经济问题开始发生密切的联系。

陆军走向七师团体制

日本陆军自1883年起利用扩军费将六个镇台改组成六个师团，并将近卫兵编为近卫师团，由此开始发展能够灵活调遣的七师团野战军体制，战时兵力约20万人。

当时陆军扩军计划规定的一般编制为：以4个步兵联队为基干（各含两个步兵旅团），辅以炮兵联队、骑兵大队、工兵大队、弹药大队、辎重大队等构成一个师团。所以六个镇台的步兵联队总数量就需要从原来的14个扩充至24个，并在战斗力偏弱的步兵联队之外大幅补充或新建其他部队。

虽然在1888年按照原定计划建立起了六个师团，但各师团仍有欠缺部队的现象，且对近卫师团的改编被推迟到了1892年。所以，直到1893年所有师团的编组才基本完成，正规装备大体备妥。不过兵站机构仍有遗留问题，并在此后的甲午战争中问题频发。

---

① 两舰吨位各为12000吨，装配有四门口径30厘米火炮，1893年订购，1897年服役。

师团编制存在平时编制与战时编制之分。战时将会在预备役、后备役中实施动员，使平时编制向战时编制转变，只是在动员方面存在补充征召和后备军征召的区别。

日本陆军于1893年修订了战时编制，并于次年将动员计划与新的编制挂钩。根据这个新编制，平时一个师团的人数为官兵9199人、马1172匹；战时的人数为官兵18500人、马5500匹。换言之，一旦走向战时编制，官兵的人数即扩充约两倍，马匹则增至约五倍。但实际上，由于战时编制的师团以及由多个师团构成的军还包括了兵站机构，所以其实际人员和马匹数量还会有所增加。

在设立师团的1888年，还同时颁布了《师团司令部条例》《旅团司令部条例》《大队区司令部条例》。所谓的大队区司令部，就是地方上市町村办事处的相关军事人员在警察局的协助下实施征兵的组织。虽然不算显眼，但对于师团制的确立（即动员、征兵制度的确立）却是不可或缺的。甲午战争后，该组织又被改组成了联队区司令部。

在发展师团制、增强兵力的同时，军制改革与军队组织的整理亦十分必要。1878年，在掌管军政的官僚组织陆军省之外又另外设立了一个直属天皇、负责作战的参谋本部。又在次年通过修订陆军军职制度，进一步明确了军政与统帅（军令）的关系，使得统帅权从行政组织中分离了出来。

所谓的统帅权即最高指挥权。由于只有天皇具备了军队统帅权，① 所以参谋本部是以辅佐其行使统帅权的形式而存在的。参谋

---

① 天皇为日本军队最高统帅，这是日本明治宪法所规定的。——译者注

本部在创设之初仅管辖陆军，但自1886年开始兼顾陆海两军的军令事务，且由日本皇族出任参谋总长。当时担任该职的是备受明治天皇信任的有栖川宫炽仁亲王。也就是说，参谋总长作为帝国陆海军的最高司令官，事实上肩负起了代行天皇统帅权的任务。

陆海军联合大演习

展示1880年代陆海军扩军成果的，是1890年3月28日至4月5日在爱知县知多半岛附近举行的唯一一次陆海军联合大演习。

该演习设定："西军"① 凭借两个国家的强大舰队掌握制海权后在日本各地登陆并对东京发起攻击，"东军"② 则作为防御方对此进行抵抗。具体来说，拥有两个师团兵力的"西军"在和歌山登陆并开进大阪击败"东军"后，分出一队进行追击，一队开往名古屋附近，而第三队则自和歌山乘船至知多半岛附近登陆，与前来迎击的"东军"再次展开战斗。

"东军"与作为攻方的"西军"相互角力，两军的作战得到了大致合格的评价。在补给的问题上，为了演习而从民间征调的驮马却素质不良（装蹄不佳、训练不良、虚弱等），引发了各种混乱。同时在卫生方面，征召的预备役士兵普遍未发军鞋，导致了行动不便。这些问题，在甲午战争的实战中仍有发生。

---

① 包括第四师团、近卫步兵第四联队、近卫骑兵第一中队。——译者注
② 包括第三师团、近卫步兵第一旅团、近卫炮兵联队三中队、骑兵第一大队一中队。——译者注

此外,"西军"的海军舰队是以高千穗、扶桑、浪速①为主力的。它们负责保护运输船运送陆战队登陆并占领港湾。"东军"的海军则包括旧式的小型练习舰队和横须贺的鱼雷艇编队,其目的在于干扰实力占优的"西军"海军。

可以看到,在此次演习中,陆军主要考虑的是登陆作战与反登陆作战,海军也兼顾了进攻与防御两种战斗。1880年代扩军的结果,使日本陆海军开始初步具备了实施攻守两类作战的能力。但正如军事史研究专家斋藤圣二所说的那样,如果简单地将甲午战争前夕日本的扩军与各项制度的整理评价为"考虑周到"是太过粗浅的。只是这些不甚周全的工作,在当时并未完全打消日本政府对华开战的念头。

参谋本部对华作战构想的形成

那么,在1880年代日军近代化的过程中负责作战的参谋本部就对华作战问题提出过怎样的构想呢?此处有必要做一确认。

时任参谋本部管西局局长的桂太郎,在1879年考察华北后制定过一份《斗清策案》。其中提出了短期决战的构想:海军进攻华南的福州,陆军三个师团在华北的直隶登陆,进攻北京。

更为具体的对华作战构想,则来自1887年2月由小川又次起草制定的《对清征讨策案》。作为参谋次长川上操六的亲信,小川又次是负责作战计划的参谋本部第二局局长。他在计划中提出:可

---

① 这些舰艇虽是"三景舰"服役前日本海军的最强军舰,却不过是3000吨的巡洋舰、海防舰。

制订五年计划将海军发展至足以对抗中国海军的程度，之后在其援护之下派出八个师团的陆军远征军，用其中的六个师团在山海关附近实施登陆以攻克北京，再用剩下的两个师团进攻长江沿岸，牵制清军的北上。可以说，这是此时期参谋本部依据中国兵站地志调查结果所提出的设想，它使桂太郎的《斗清策案》走向了具体化。这一构想，与甲午战争时期派出大规模兵力攻占敌军据点的直隶决战是密切相关的。

但正如前节所述，1880年代日本政府内部占据主流的仍是主张对清协调，维护在朝权益，走"井上、伊藤路线"的长州派，同时在1885年以后又形成了包含英国在内的日清英协调体制。因此，参谋本部所研究的对华攻击策略终究不过是其内部计划而已，并未对整体国策造成影响。那么，日中两国在朝鲜问题上形成的协调体制为何会在1894年夏季走向崩溃呢？日本政府为何决定发动战争呢？关于这些问题，将会在下一章加以阐明。

第二章　从出兵朝鲜到日中开战

一　甲午农民战争与日中两国的出兵

第二次伊藤博文内阁的成立

1890年11月25日，日本召开了第一次帝国议会，29日举行了开院仪式。在首次议会上，作为藩阀政府的第一次松方正义内阁与自由党、立宪改进党等民选政党的反政府势力出现了分歧。[①] 结果导致民选政党主导的众议院再次削减了政府提出的预算数额。为了打破此局面，松方正义在1892年的第二次议会时解散了众议院，并对民选政党的选举进行了大规模干涉。但即便如此，民选政党在众议院的优势地位却没有丝毫动摇。松方内阁随后不得不宣布辞职，同时在藩阀势力内部亦围绕应对议会策略的问题发生了对立。

1892年8月，第二次伊藤博文内阁成立。该内阁以网罗"元勋"即藩阀巨头为目的，将长州的山县有朋（司法大臣）、井上馨（内务大臣），萨摩的黑田清隆（递信大臣）、大山岩（陆军大臣）

---

① 藩阀政府，即指以长州、萨摩军阀为中心组成的内阁，当时继第一次山县有朋内阁之后成立了第一次松方正义内阁。

拉入了内阁。其中黑田清隆和山县有朋都曾有过出任首相的经历。虽然在组阁时唯有前首相松方正义、西乡从道两位"元勋"暂未入阁，但此后他们二人仍被请入，分别担任了大藏大臣和海军大臣。

被称为"元勋尽出"的第二次伊藤内阁，当时打算积极修复藩阀势力内部的矛盾以便与民选政党形成对峙。同时还计划任命自由党的重要人物陆奥宗光为外务大臣，高知出身的旧民权派后藤象二郎为农商务大臣，并试图与作为民选政党核心的自由党达成妥协，力求议会的顺利运转。而自由党方面，作为党魁的板垣退助及其属下干部星亨认为，若伊藤内阁继续采取这种亲近政策的话，可以考虑与政府的妥协与合作。

第二次伊藤内阁上台后面对的首次议会是1892年11月召开的第四次帝国议会。在会上，政府方面提出的预算包括海军预算和积极型预算两部分。前者涉及两艘战舰的建设，后者则谋求产业的积极振兴与灾害救助，这与相关的增税要求一起表现出对民选政党的高压姿态。对此，民选政党中的第二大党派立宪民进党极力反对，而正考虑与政府妥协的自由党也转向了反对政府的立场。可以说此时藩阀与民选政党的对立正孕育着一场危机。

结果，伊藤博文与明治天皇进行了协商。明治天皇于1892年2月10日颁布诏书，以探索议会与内阁的"和谐道路"为名宣布：今后的六年间，将每年从宫廷费用中节省出30万日元下拨，同时令官员将俸禄的10%上交国库，以便补贴建造军舰的费用。由此议会与政府才开始考虑相互妥协，预算在修正之后得到了批准。

伊藤内阁的苦楚：修订条约与对外强硬派

明治天皇的诏书使第四次议会圆满闭会，政权趋于稳定，伊藤内阁遂开始着手修订与欧美各国的不平等条约。1893年7月5日，外务大臣陆奥宗光向内阁会议递交了修订条约的方针，并在19日与伊藤博文一起拜见了明治天皇，得到了对于修订条约的许可。当时优先展开交涉的对象是英国、德国、美国，但德、美两国对此持消极态度，故唯与英国在9月进入了预备交涉的阶段，并于11月开始了正式谈判。

在与英国的交涉进入正式谈判的同时，主张履行条约、实施自主外交并宣扬外国人在日杂居为时尚早的对外强硬派团体大日本协会于1893年10月1日成立。长期以来支持藩阀政府的吏党、国民协会出身的众议院议员纷纷加入，成为该团体最为活跃的成员。

当时，国民协会提倡履行现行条约并与立宪改进党携手合作，对伊藤内阁的态度从支持转向了批判。这一"现行条约履行论"是在著名评论家德富苏峰的《国民之友》杂志上提出的。它主张通过国民运动严格履行条约，以此来给在日本的外国人制造困扰，使其成为真正修订条约的突破口。[①] 故在此之后，除主张节约经费、休养民生、削减包括军事费用在内的行政费用、减少土地租金等问题之外，修订条约的问题亦成为政府与民选政党之间新的争论点。

这一动向使伊藤内阁的条约修订谈判陷入了危局。因为对外强

---

① 核心内容是废除治外法权、收回关税自主权。

硬派提倡"现行条约履行论"的举动很可能会招致各国的抗议，使交涉谈判更加举步维艰，而国民协会的背叛则是对伊藤内阁应对议会策略的根本性颠覆。

1893年11月末的第五次议会刚一开始，对外强硬派就向众议院提交了履行现行条约的议案。这份议案得到了包括国民协会、立宪改进党在内的六个对外强硬派系的支持，① 在众议院获得了多数赞成票并被批准通过。在这种情况下，伊藤博文索性向明治天皇请旨，于12月30日解散了众议院。

1894年3月1日，日本实施了第三次总选举。其结果是对外强硬派的议席减少，尤其是从政府的协助党转为在野党的国民协会从66议席锐减至22议席，而向政府妥协的自由党则从80议席激增至119议席。尽管如此，自由党依然未能获得众议院300议席的一半，政府应对议会的策略依然面临着重重困难。而且在这一时期，贵族院形成了以近卫笃麿公爵为首的伊藤内阁批判势力，全国的报刊记者也联合起来支持对外强硬派的主张，煽动了反政府的舆论气氛，这些都迫使日本政府陷入了苦闷之境。

虽然在5月12日第六次特别议会召开之际，日本政府曾试图采用利益诱惑、金钱收买等方式将中立派的议员招入麾下，但以失败而告终。结果，对外强硬派以伊藤内阁不可信任为由上奏了内阁弹劾案，并于5月31日得到了批准。而作为回应，伊藤博文又与明治天皇会谈并请旨，于6月2日再次解散了众议院。

不到一年时间两次解散议会，这很可能意味着宪法的名存实

---

① 在日本被称为"硬六派"。

亡，而且政府对 9 月 1 日的总选举本身也无十足的把握。但即便如此，在条约修订问题上遭到对外强硬派攻击而被逼入绝路的伊藤内阁却在此时看到了与英国完成条约谈判的曙光，所以他们在随后又开始执行起反复解散议会的强硬方针来。

甲午农民战争：东学党的扩大与起义

朝鲜在开国之后，由于 1880 年代日中两国的贸易竞争，外国棉布大量倾入，各地的黄金、大米、大豆大批出口，民众的生活日益贫苦。而陷入财政危机的朝鲜王朝却未能出台有效的应对之策，于是各地开始爆发动乱。

此时期对朝鲜民众最具影响力的宗教是"东学"。它是没落贵族①崔济愚于 1860 年建立的民间宗教，因与基督教等"西学"相对，故称"东学"。崔济愚被处以极刑之后，第二代教主崔时亨领导着东学向朝鲜南部传播并不断扩大其影响范围。为了避免政府的打压，崔时亨还曾要求东学教徒"守心正气"，坚持自修主义，但在当时的东学中仍存在着期待对民众实施变革的异端分子。

1894 年 2 月，东学异端派的领导人金琫准在全罗道谷仓地带的古阜率领民众揭竿而起，反抗地方官的横征暴敛。这次起义虽然只持续了短短数日，但在 4 月末的第二次起义中由于全罗道与忠清道的东学异端派的加入，队伍不断壮大，总人数达到了六七千人之多。他们打算向汉城发起进攻，推翻闵氏政权，向国王诉说自己的苦衷并提议改革弊政。这终究不过是欲借朝鲜国王推行仁政的一种

---

① 即"两班"，读音为 Yangban。——译者注

幻想而已。

研究朝鲜史的学者将这次东学农民起义定义为甲午农民战争①。虽然起义军所使用的武器皆为火绳枪（鸟枪）、刀剑等旧式武器且尚未学会战斗，但却于5月11日在古阜附近的黄土岘击败了政府派来的镇压部队，进而又于5月27日打退了奉命前来镇压并招安起义军的"两湖招讨使"②洪启勋统率的拥有新式武器装备的京城军队，之后开始向全州挺进。由于全州城的守军毫无战意，约5000人的农民军在5月31日兵不血刃地占领了全州。

6月1日，洪启勋为追击农民军率领1600名政府军开抵全州城外，向城内实施了炮击。虽然农民军曾两度攻入政府军阵地，却因伤亡惨重只得撤退。

在此之后双方开始了停战谈判。农民军提出了向国王上奏27条改革弊政方案的条件，并在6月11日达成协议后从全州退军。全州和约之所以能够顺利缔结，一是由于农忙时节将至，农民军战意下降；二是因为双方都意识到两国向朝鲜派兵之后，开始出现了战争的危机。

朝鲜政府的派兵请求

当时日本的外务省与陆海军一直在搜集有关东学党动向和全罗道起义的情报。在东学农民军大破政府军的消息传到日本后，参谋本部曾于5月20日派伊地知幸介少佐前往釜山进行调查，并自5

---

① 又被称为"第一次农民战争"。
② "两湖"指朝鲜的全罗道、庆尚道。

月中旬以后向朝鲜派遣军舰，开始研究保护在朝日侨的具体措施。碰巧在 5 月 4 日，日本驻朝鲜公使大鸟圭介正在休假，改由一等书记官杉村濬暂时作为代理公使收集情报并负责与东京的外务省进行联络。此时，由于日本与朝鲜的通信方式主要是电报和书信，情报的传达就出现了时间滞后的问题。

杉村濬在密信第 63 号《呈报全忠两道农民暴乱之鄙见》中指出（5 月 22 日送出，东京外务省 28 日收讫），在叛军占据优势、北上汉城的形势下，朝鲜政府的应对之策唯有两种：第一，接受叛军请愿，实行弊政改革；第二，请求清军出兵予以镇压。闵氏政权极有可能选择后者，故为了对抗中国，日本也应研究是否出兵。

一周之后的 5 月 29 日，杉村濬向日本政府发去了电报（电受第 136 号，30 日收讫），表示：闵氏政权的实权人物兵曹判书[①]闵泳骏曾希望向中国求援，但遭到了大多数官员的反对，同时全罗道的叛乱已渐平息。

外务大臣陆奥宗光在 5 月 28 日和 30 日接连收到了上述两份内容相互矛盾的电报。所以他在 30 日的回电中指示杉村濬：若情况有变、清廷出兵，那么日本也极有可能派兵朝鲜，故请务必随时发回情报（电送第 135 号）。从这份电报的内容可以明确知道：至少在 30 日之前，陆奥宗光仍在研究清廷出兵则日本出兵的可能性。[②]同时亦可认为，包括伊藤博文在内的内阁阁僚也都在 5 月末以后开始考虑起出兵的事情来。

---

① 当时朝鲜的官名，即军部大臣。
② 外務省記録『东学党变乱の際日清両国韓国へ出兵雑件』明治大正 5 門 2 類 2 項 1B‐5‐2‐2‐0‐1、編号 B07090593600。

第二章　从出兵朝鲜到日中开战

朝鲜政府与国王高宗实际上在很早之前就已商讨过向中国求援出兵镇压起义的问题，但因对日本出兵抱有不安而迟迟未决。直到5月31日农民军占领全州的消息传来之后，他们才决心向清廷发去派兵请求。之所以如此，乃是因为全州本是朝鲜国王李氏的原籍，在全州李氏的发祥之地是容不得农民军胡作非为的。

结果就在当天，掌管军队的闵泳骏打着"与驻朝鲜总理交涉通商事宜"的名义拜访了受李鸿章委派驻扎朝鲜的袁世凯，提出了派遣清军的请求并得到了袁的同意。但直到6月3日，朝鲜政府才完成了发出照会请求派兵的正规手续。

中国与日本的出兵

日方当时从袁世凯处得知了清军出兵的消息。随后，日本公使馆书记郑永邦、代理公使杉村濬分别于6月1日、3日拜访了袁世凯，与其商讨时局并就两国出兵问题进行了交谈。

郑永邦曾任长崎通事，据称是郑成功的后代。其父郑永宁、兄郑永昌皆为日本外务省官员，可谓外交官世家出身。郑永邦精通中英两国语言，故可能是用中文与袁世凯进行了会谈。这两次会谈出现的日中双方在认识上的差异，对此后两国的开战产生了一定的影响。

袁世凯与郑永邦会谈之后认为，日方没有利用此次朝鲜内乱大动干戈的意思，日方出兵仅是为了保护公使馆与侨民，出兵规模不会超过一个步兵中队。因此他下了"两国不太可能发生冲突"的判断，并给李鸿章发出了向朝鲜派兵的电报。李鸿章对此表示认可，然后把电报转送给总理衙门，同时命令北洋陆海军做好出兵准备。

6月4日，朝鲜政府以公文形式请求出兵镇压叛乱的电报送达之后，李鸿章即刻命令叶志超、聂士成率领北洋陆军的精锐七营赴朝平乱，并派北洋海军提督丁汝昌率巡洋舰济远、扬威赴仁川保护华侨与运输船只。这里的"营"是"勇""练"两军的单位，一营的人数本来是500名，但实际上步兵一营大概只有350名士兵，骑兵一营约有250名。

杉村濬于6月1日将郑永邦从袁世凯那里得到的情报以简短电文（电受第168号）的形式发回。其中写道："全州昨日落入叛军之手，袁世凯称朝鲜政府已请求清廷出兵。"该电文在两天后送抵日本。但在这封与甲午战争密切相关，能够改变日、中、朝三国命运的电报上却并没有陆奥宗光阅读后留下的外务省"花押"与"阅"字。① 可以认为其原因在于，该电报在到达外务省后没来得及签字，便被带到内阁会议进行讨论。

枢密院议长山县有朋也出席了此次内阁会议。会议上，伊藤博文延续了1893年底的做法，决定再次解散帝国议会并确认了对朝出兵。根据陆奥宗光在其所著《蹇蹇录》的记载：会议伊始，陆奥宗光便向内阁官员展示了杉村濬的电报，并提出若清廷出兵，日本也有必要出兵，以便维持对朝均势的意见。众人对此皆表赞同。故又请求参谋总长有栖川宫炽仁亲王与参谋次长川上操六参会，商讨派兵朝鲜的相关事宜。最终，会议决定派出一个人数在8000人以上的战时编制混成旅团开往朝鲜，陆军大臣、海军大臣

---

① "花押"即陆奥宗光"光"字的草书。

第二章 从出兵朝鲜到日中开战

**图 2-1　1894 年 6 月 2 日送抵的杉村濬临时代理公使
致陆奥宗光外务大臣电报**

说明：虽有外务次官林董、政务局长栗野慎一郎、电信课长佐藤爱麿的盖章标记，但陆奥宗光一栏却是空白。

资料来源：外務省記録『东学党変乱の際日清両国韓国へ出兵雑件』明治大正 5 門 2 類 2 項 1B-5-2-2-0-1、编号 B07090593600。

与参谋总长、海军军令部长在同一天收到了通知。不过通知提到的出兵目的却是"保护在朝侨民"，这显然与大规模派兵的事实完全不符。

二 开战前日中两国政府的困境

两军抵达朝鲜

在出兵朝鲜前的1894年5月,清政府曾遵照光绪帝的旨意在盛京、直隶和山东举行了以北洋军为核心的陆海军联合大演习。指挥此次演习的李鸿章为了对北洋陆海军十年来的建设及中国北部各港湾的防务进行检查,于5月7日从天津出发,遍历了天津小站、旅顺口、大连湾、威海卫、胶州湾、山海关等地,对各地部队与防卫设施进行了检阅,并于27日返回了天津。

得益于刚刚结束的大演习,北洋海军对朝出兵的动员工作变得相当迅速。6月5日,济远舰、扬威舰便已开抵仁川与警备舰平远号汇合。驻扎在天津郊外芦台的聂士成部队,则于9日凌晨在朝鲜忠清道的牙山附近登陆。三天后,驻扎山海关的叶志超部队亦到达牙山,清军的精锐七营宣告集结完毕。在此之后又有其他增援部队相继赶抵,截至6月末,驻守在牙山、公州的清军兵力已达2800人,并有火炮8门。

与此相对,日方在6月2日的会议上确定了派兵事宜后便开始推进此前已有的出兵准备工作。3日,参谋本部对以下诸项措施进行了研究:为一个混成旅团的兵力拟定编制表;草拟运输计划,将该混成旅团分两批运至朝鲜;备好运输船只;混成旅团出发之后,开始着手动员第五师团的剩余部队;等等。

6月3日夜间，参谋本部的东条英教少佐①便带着相关的动员文件从新桥出发，乘火车赶往第五师团的驻地广岛。在接到"清政府接受了朝鲜请兵增援"的报告之后，日本政府进一步落实了出兵政策。同时为了方便指挥军队，决定将大本营直接设置在参谋本部的大楼内。5日，归国途中的大鸟圭介公使与本野一郎参事官随海军陆战队与警察官一道乘军舰八重山号开向了仁川。

5日下午，东条英教带着编制表到达广岛。收到指令后，第五师团的师团长野津道贯便立刻向第九旅团的大岛义昌旅团长下达了集结兵力的命令。预定派往朝鲜的混成旅团，即是由此步兵第九旅团为主干，②辅以骑兵一个中队、炮兵一个大队（山炮）、工兵一个中队，以及辎重兵、卫生部、野战医院、兵站部等。其中，大队长一户兵卫少佐带领的第十一联队第一大队作为先头部队，于6月9日从宇品港启程，12日到达仁川。继而，负责运送大岛旅团长所率约混成旅团半数兵力的第一批运输队亦于16日抵达仁川并开始登陆。

6月10日，大鸟圭介率300名海军士兵开抵汉城。他见城内平静，并无扩大内乱的危险，便在次日向外务省发电：除一户少佐所率大队之外，其他部队可停止派遣。但此时大岛义昌的部队已从宇品港出发，而先到的一户大队在三天后进入汉城，替换海军负责警备。

伊藤博文的协调论与陆奥宗光的强硬论

至少在日本决定出兵的6月上旬，其正式公布的出兵目的是

---

① 东条英机的父亲，当时是参谋次长川上操六的亲信。
② 该旅团以广岛为驻地，包括步兵第一联队、第二十一联队。

被规定在"保护公使馆与在朝侨民"范围之内的。伊藤博文虽然确认了派兵,但仍采取避免与清军冲突的方针,主张维持日中两国的协调关系,在相互协商下改革朝鲜内政,以便将朝鲜划作两国共同的势力范围。陆军大臣大山岩也曾遵照伊藤博文的意思,向赴朝的参谋将校下达过指示:"此次出兵旨在保护我国公使馆、领事馆及帝国臣民,我军应尽量避免与对方部队发生冲突。"

但如前所述,在6月2日的会议上曾有"外务大臣陆奥宗光提及若清廷出兵,日本也有必要出兵以便维持对朝均势,众人对此皆表赞同"一事。实际上所有的内阁阁僚都把出兵的真正目的理解为"与中国争夺在朝霸权"。因此,鼓吹日中开战的陆奥宗光随后采取了行动,而参谋次长川上操六也开始着手战争的准备工作。当出兵朝鲜的消息被报道之后,报纸上不断刊载着对华强硬的论调,甚至还出现了筹备义勇军的活动。这种对强硬论、开战论的积极呼应,显然成了开战论者的背后助力。

所以即便朝鲜首都汉城的形势趋于稳定,农民军也缔结和约,撤出了全州,伊藤内阁仍旧派出了大规模兵力并准备追加后续部队。他们并不打算让出征的军队"空手而归",试图有所斩获并改变局面。①

在6月13日的内阁会议上,伊藤博文提出对华交涉方案。其中指出,日中两国应共同镇压农民军,事成之后可共同推动朝鲜的内政改革。其目的在维持日中协调关系的同时,提升日本在朝鲜的

---

① 出自6月11日陆奥宗光致大鸟圭介的书函。

地位。内阁阁僚本打算批准此项提案，但因陆奥宗光的反对而未能实现。关于陆奥宗光主张开战的原因，大石一男的分析应是最有说服力的，即作为外务大臣的陆奥宗光曾在此前修订不平等条约的谈判工作中屡次犯错，导致了国内外的不满，故为了弥补这些失败，他坚持认为日本不应指望与清政府协调，而应选择开战。[①] 同日，伊藤博文在会议结束后走访了清朝驻日公使汪凤藻，与其讨论了会上所提方案。由于汪凤藻强烈要求日军撤兵，所以伊藤博文只得妥协，与其达成了"双方平定朝鲜内乱后各自撤军，共同协商朝鲜内政改革"的共识。若当时两人的协议能够实现，按道理两国是不会兵戎相见的。

然而伊藤博文在 6 月 15 日的内阁会议上却软化了对华协调的主张。在会上，陆奥宗光基于 13 日的伊藤提案追加了两项要求：第一，在日军不撤走的前提下与清政府共同协商朝鲜的内政改革；第二，若清政府不同意此种内政改革，日本则单独推进之。这得到了内阁会议的批准。可以看到，第一项内容与伊藤博文、汪凤藻会谈时后者的撤兵要求是完全相反的，这是清政府不可能接受的条件，而另一项内容估计清政府也不会同意。那么伊藤博文又为何接受了陆奥宗光的要求呢？

关于这一问题，在日本学界颇受好评的高桥秀直的著作《通往甲午战争之路》曾有过如下论述："6 月 15 日，伊藤内阁代表整个日本决定了对中开战的方针。"伊藤博文之所以从协调变为开战的立场，其原因在于当时的日本国内存在着强烈的反对撤兵

---

① 出处为『条約改正交渉史』。

的"众意"①。换言之,不仅在日本政府内部存在着以川上操六参谋次长、陆奥宗光外务大臣为代表的主战势力,而且在出兵以后,除对外强硬派之外,自由党内部亦在对抗中国、推进对朝政策的问题上兴致高涨,舆论界的大量评论家也对此表示了拥护。同时考虑到9月的大选在即,所有政党均竞相倡导对外强硬论,所以伊藤内阁也无法决心撤军,只得选择开战之路。对此结论,笔者是愿意接受的。

但即便如此,日本的开战之路仍在六七月间走向了困境。

第一次绝交书与英俄的干涉

6月16日,外务大臣陆奥宗光向清政府驻日公使汪凤藻传达了内阁会议上的决议。对此,汪凤藻于21日代表清政府做出了回应。其内容如下:第一,朝鲜内乱已平,故无须两国共同镇压;第二,内政改革应由朝鲜自主实施,日本此前主张的朝鲜自主论与干涉其内政之举相互矛盾;第三,中日两国签署的《天津条约》规定内乱平定后即各自退兵,日军应遵从此条约,尽速从朝鲜撤退。这种对日方提案的全面否定是完全可以想象得到的。

同日,在收到中方的回复之后,由日本政府与统帅部共同出席的内阁会议便做出了"派遣混成旅团剩余部队,即第二批输送部队赴朝"的决定,两国的开战此时已不可避免。进而在22日的御前会议上,政府、统帅部、"元勋"山县有朋和松方正义都出席表态,共同做了最终决定:在回函中全面否定中方的主张(第一次

---

① 指多数意见。

第二章　从出兵朝鲜到日中开战

绝交书），确认第二批输送部队可以启程。虽然明治天皇对于政府的开战方针仍抱有疑虑，但鉴于内阁、统帅部、元勋均在此问题上意见一致，也表示了同意的态度。

6月24日，第二批输送部队自宇品港启航，27日到达仁川，29日进驻了汉城郊外的龙山。故在此时，汉城城内有一户少佐率领的一个大队约1000人，而在城外则有混成旅团大岛旅团长所率的7000名士兵驻屯。

不过就在日方筹谋战争之际，英俄两国却开始了干涉行动。6月30日，俄国驻日公使米哈伊尔·希特罗沃（Mikhail Khitrovo）向陆奥宗光递交了一份俄国政府的公文，严肃要求日中两国同时撤兵。伊藤博文、陆奥宗光虽已决定拒绝此要求，但因为担心俄国的军事干涉，此后只得对日军的行动进行规束。而且早在6月25日与米哈伊尔·希特罗沃的会谈中陆奥宗光就曾承诺：只要清军不挑起事端，日本就绝不会率先动手。所以日方当时是很难强行对华开战的。

与俄方的调停几乎同时，英国的外交大臣约翰·金伯利（John Wodehouse Kimberley）也采取了行动。他通过英国驻华公使欧格讷（Nicholas Roderick O'Conor）确认了清廷的意向，并指示驻日代理公使拉尔夫·帕杰特（Ralf Paget）询问了日本政府关于日中两国共同推进朝鲜内政改革的条件，进而向日方传达：若想交涉顺利进行，两国需要同时撤兵。由于当时的日本没有同时拒绝英俄调停的实力，故伊藤博文、陆奥宗光只得勉强接受了英方的要求。在第一次绝交书之后，日本的对华开战策略遭遇了挫折。

但出乎意料的是，清政府在7月9日却突然向驻华公使小村寿太郎发去了强硬要求：日军一日不撤，两国就一日不谈。次日，日本驻俄公使西德二郎亦发回情报称：俄国不会进行武力干涉。结果，内阁会议于11日正式决定放弃谈判路线，再次准备开战。并于次日确认向清政府递交第二次绝交书：因中方拒绝英国调停，故要为今后的事态发展负责。

清政府内部的主战论与避战论

至此，本书已梳理分析了1894年2月以来朝鲜国内的东学起义、甲午农民战争的动向以及日本的应对策略。那么，当时中国的情况又是如何的呢？

事实上，当时清政府的情况比日本要复杂得多。年轻的光绪帝自1887年才开始亲政，在其身边的翁同龢和李鸿藻对政策的决定有很大的影响。但即便如此，慈禧太后依然参与着重要国务，而且还存在着国政最高咨询机关军机处和负责外交事务的"总理衙门"。它们分别以礼亲王、庆亲王为核心，由孙毓汶、徐用仪掌握着重要职权。

除了北京的中央政府，直隶总督兼北洋大臣李鸿章亦对政策决议有着重大发言权。北洋大臣负责统管北洋陆海军，有派兵及向海外订购武器的权力。而且通过与驻外人员的文书往来掌握实际的指挥权，可以说他与总理衙门共同享有外交职能。1881年以后，北洋大臣开始管辖朝鲜事务，且从1885年开始通过驻守汉城的袁世凯处理朝鲜内政。

与日本的积极活动相反，负责对朝事务的李鸿章主张避免对日开战。他知道日本正在推进军备扩张，对两国的军事实力也了然于

第二章 从出兵朝鲜到日中开战

胸,因而他试图借助列强的力量压制日本。① 在朝廷中枢部门任职的孙毓汶、徐用仪也支持李鸿章的"对日避战论"。而慈禧太后长期以来对李鸿章信任有加,且同年12月她将迎来自己的六十岁大寿,为让庆典顺利举办,自然也不愿开战。

另外,主战派的中心人物是光绪帝及其亲信翁同龢与李鸿藻。虽然清政府的外交政策由慈禧太后、孙毓汶、李鸿章主导,但翁同龢、李鸿藻的强硬主张背后有光绪帝的意志,故亦能对决策施加影响。总理衙门曾于7月9日向小村公使传达过清廷的强硬回应,"拒绝英国的调停"并促使日本重提开战论,这正是清政府内部政治角力的结果。

7月9日以后,光绪帝、军机处、总理衙门、翁同龢和李鸿藻曾就朝鲜问题进行过商议,但最终未能决定究竟是开战还是避战。

在这一段时期,李鸿章遭到了国内反对派的大肆抨击,所以既没有采取派遣大规模军队压制日军的方式来备战,也没有通过完全按兵不动的方式来避战,而是不得不选择了政治、战略上颇显拙劣的办法:向朝鲜派送小规模增援部队。结果,李鸿章在7月19日下达了向牙山派出2300名援军的命令,并另外制订了送6000名士兵前往平壤的计划。

日方将这种派遣增援部队的举动视为清政府谋求开战的意图,遂下定决心开战,而这正是李鸿章最不愿看到的结果。

---

① 日本学者大多认为清政府当时外交政策的核心是"以夷制夷"。——译者注

三 日中开战

7月19日的开战决定

日本驻华外交官与武官先后将李鸿章向牙山派送2300名士兵与武器装备的情报传回了日本。故7月19日，日本政府与大本营做出了开战的决定。

同日，日本海军接到了"阻止清军增援部队"的命令。该命令指出：海军应派联合舰队控制住朝鲜西海岸的制海权，同时要在丰岛或安眠岛附近设立根据地，以此来击溃以增兵为目的的中国舰队与运输船。与此同时，驻朝鲜的混成旅团大岛旅团长亦收到指示：在清军兵力扩充之前，应以混成旅团主力击败牙山的清军。

因此，7月19日正是日本陆海军进入战斗准备状态，若与清军接触则立即开战的日子，也是日本最终踏上战争之路的日子。但即使到了这个时候，明治天皇与伊藤博文也仍在寻求对华妥协的可能性。

由常备舰队与西海舰队组成的联合舰队，于7月23日从佐世保启航。其中的本队、第二游击队、运输船和护卫舰在25日开抵了朝鲜西海岸的群山冲。

几乎与此同时，李鸿章派遣的约2300名增援部队则准备搭乘三艘英国籍货船爱仁号、飞鲸号和高升号，计划于7月24～25日先后抵达牙山。24日，爱仁号和飞鲸号先行到达，1150名士兵完成了登陆，并从货船上卸下了大炮、弹药、食品和军饷等物资。而日方为侦察首先赶来的联合舰队第一游击队吉野号、秋津洲号和浪速号等速度较快的巡洋舰群，则于7月25日凌晨在丰岛附近与清军巡洋舰济远号和广乙号遭遇并实施了攻击。这便是丰岛海战。

丰岛海战

日本海军军令部编写的《二十七八年海战史》[①]等资料记载：当时是因清军的济远号率先开炮才爆发战争的。而中国的研究者则认为是日方首先发起了攻击。在日本学界，亦有近代研究日朝关系史的著名专家田保桥洁，以及撰写最新甲午战争通史的原田敬一认为：由于早在7月19日大本营就下达过攻击命令，故战争是日方先挑起的这一说法更加合乎道理。此外，鉴于英俄两国曾对清政府发出过尽量避免率先动手的警告，也可以认为日方有可能篡改资料记录，把开战的罪名转嫁给中国。

在7月25日的这场海战中，济远号逃离战场，广乙号触礁搁浅，逐渐呈现出日方占优的趋势。正在此时，运载1100名清军及14门大炮的高升号在炮舰操江号的护卫下驶来。结果操江号投降，高升号因在浪速号[②]派人登船检查之际拒绝投降而被击沉，唯有三名英国籍船员获救。在丰岛海战中，日军阻止了约半数增援牙山的清军，为此后成欢、牙山之战的胜利铺平了道路。

由于混成第九旅团推迟了对驻守牙山清军的攻击，故丰岛海战实为日中之间的第一场战役。但日本海军这种在正式宣战或发布开

[①] 海軍軍令部編『二十七八年海戦史』春陽堂、1905。
[②] 舰长为东乡平八郎。

战声明之前偷袭清军舰队的做法，包括将运输清军增援部队的英国货船击沉的做法，引发了英国舆论对日本的非难，甚至成了一个外交与国际法的问题。直到当时被称为国际法专家的托马斯·霍兰德（Thomas Erskine Holland）和约翰·威斯特莱克（John Westlake）都认为"浪速号"的所作所为无可厚非之后，英国舆论才逐渐平息。尽管如此，在此后的战争过程中仍将出现不少其他方面的国际法问题。

武力占领朝鲜王宫

为阻止清军向朝鲜增援，联合舰队于7月23日从佐世保起航。同日，日军便进攻并占领了汉城的朝鲜王宫，"擒"① 下了朝鲜国王。这显然是一次令人震惊的事件。

日本在向中国驻日公使递交第一次绝交书时就踏上了开战之路，但在7月初，由于遭到英俄两国的干涉而一度受挫。因此在同月3日，大鸟圭介遵照陆奥宗光"在朝鲜寻找开战理由"的指示，向朝鲜政府提交了关于内政改革的具体方案。10日，朝鲜的改革委员与大鸟圭介举行了初次会谈，并在16日由朝鲜政府提出了如下意见：内政改革会在日本撤军之后进行，故要求日军退兵。

据此，大鸟圭介断定朝鲜并无改革之意，遂拟订计划：派兵包围王宫，以武力胁迫朝鲜政府就范。7月18日，大鸟圭介向陆奥宗光发去了"提议包围朝鲜王宫以期实现我军之目的"的电报。陆奥宗光虽同意了此提案，但内阁会议对此强硬手段却存在异议。

---

① 此为陆奥宗光在《蹇蹇录》初次出版时的用词。

第二章 从出兵朝鲜到日中开战

故陆奥宗光在19日给大鸟圭介的回信中对其下达了"应采取正当手段"的指示，并且为了避免欧美各国生疑而禁止了其包围王宫的计划。但陆奥宗光同时又向其传达了如下情况：李鸿章已决定向朝鲜增兵，此举"已可认定为清国欲凭武力与我为敌"，因此日本将会采取对抗手段，即对华开战。

这封电报一方面否定了大鸟圭介提出的包围王宫之策，另一方面又指示其采取正当手段。其中的真意是很难体会得到的。而在汉城的大鸟圭介则索性无视陆奥宗光中止行动的命令，与混成第九旅团的大岛义昌旅团长主动出击，导致对华开战一事走向了混乱。

7月20日，大鸟圭介向朝鲜政府发去照会要求敦促清军撤兵，并将22日定为朝方回应的最终期限。他已预料到朝鲜政府将拒绝此要求，因此将参事官本野一郎派至混成旅团长大岛义昌手下，向其指示：若朝鲜政府拒绝我方要求，则可先率一大队兵力包围王宫，若朝方仍不屈服，须举全旅团之力将其围困。进而又在此后为了寻找对华开战的借口，制订了如下计划：让反对闵氏政权的高宗之父大院君入主王宫成为政府首脑，从而迫使朝鲜政府向日方提出攻击牙山清军的请求，找到开战的借口。大岛义昌旅团长接受了这一方案，将原定于22日向牙山进军的计划暂时延期，并索性直接动员了整个旅团的兵力准备攻打朝鲜王宫。

22日夜，日本公使馆得到了朝鲜政府的回应。不出所料，日本的要求被拒绝了。所以在23日0时30分，大鸟圭介向大岛义昌发去电报：按计划动手。结果混成第九旅团随即从龙山出发开赴汉城，由大岛圭介亲自坐镇日本公使馆进行指挥。

由步兵第二十一联队的联队长武田秀山中佐率领的第二大队与工兵一小队于清晨5时左右攻进了王宫的迎秋门,与朝鲜的警备队交战之后占领了王宫,囚禁了国王。而两军的零星战斗则一直持续到下午,有一名日本士兵战死。同日,日本公使馆的杉村书记官将坚决拒绝配合日本的大院君带进了王宫。次日,以大院君为首的新内阁便诞生了。

这段历史在此后被日方所隐瞒,甚至还曾被篡改。日俄战争时出版的参谋本部编写的《明治二十七八年日清战史》第1卷①中曾有过这样的记载:占领王宫是对先行射击的朝鲜士兵的反击,是偶然发生的自卫事件。但著名的甲午战争研究学者中塚明在考证了福岛县立图书馆佐藤文库所藏的《日清战史草案》之后,对此次事件做出了评述:草案中详细描述了占领王宫是日本公使馆与混成旅团事先计划好的,但公开出版的官方战史却篡改了这一史实,这是在歪曲历史。②

当然,在历史被歪曲之前,当时的记者大多如实地报道了占领王宫事件。譬如当时的著名记者川崎三郎(紫山)在其有关甲午战争的长篇通史《日清战史》(7卷,1896~1897年)的第1卷中曾记载:大鸟公使与混成第九旅团有计划地攻打并占领了朝鲜王宫。所以,当时了解这一事实真相的日本民众并不在少数。

---

① 参谋本部编『明治二十七八年日清戦史』、1904。
② 中塚明『歴史の偽造をただす:戦史から消された日本軍の「朝鮮王宮占領」』高文研、1997。

第二章　从出兵朝鲜到日中开战

混成第九旅团的南进

因武力进占王宫，日军攻打牙山的计划被延误了。直至7月25日，大岛义昌才率领混成第九旅团主力进军牙山，其规模为步兵3000人、骑兵47人，另有8门山炮与后勤部队。

7月26日，进攻部队从大鸟圭介那里收到了朝鲜政府的公文：请求日军驱逐驻扎牙山的清军。虽然这份公文为日军攻击清军提供了正当理由，但正如陆奥宗光在《蹇蹇录》中所说的那样：日本是强行要求朝鲜政府委托日军驱逐清军的。这份公文是不顾朝鲜国王、大院君、外务督辩赵秉稷的反抗，以胁迫手段取得的。但也因为朝鲜方面的反抗，公文中存在着一些含糊的内容而没有被公开。事实上除了这份"请求驱逐清军"的公文，当时的朝鲜政府还同时向其各地机关发出过训令：朝中条约已废除，可协助日军征调进兵。

从汉城南下牙山的混成第九旅团最先面临的就是补给问题。虽然该旅团在步兵之外另配有炮兵、骑兵、工兵及其他各部队，属于"微型师团"，但由于从广岛出发时行动仓促，准备时间不足，负责运输的辎重部队与后勤部队并未配备驮马、军夫及徒步车辆。因此，混成第九旅团的战斗力仅限于进军仁川及汉城，当时并不具备向牙山进攻的能力。为了进军牙山，日军开始在朝鲜当地征用军夫、民工、牛马等。所谓的军夫，即是代替辎重部队搬运物资，以临时随军名义雇佣的平民。

日军在进军途中虽然动员过驻朝日侨充当军夫，但毕竟人数有限。因此在7月25日出发当日，他们在水原附近用武力胁迫征用了朝鲜平民与牛马。然而是日深夜，强征而来的平民却牵着牛马逃跑了，且食物、子弹、炮弹也丢失了不少，这给进军造成了极大的困难。尤其是步兵第二十一联队第三大队的情况最为糟糕，随军平民与牛马全都不见了踪影，结果大队长古志正纲少佐在次日便引咎自杀了。

朝鲜政府在25日发布"可协助日军征调进兵"的训令后，其各地官员虽在政策上有所遵从，但由于本身缺乏食物与运输手段，碰巧当时又出现了高温天气，日军的行动举步维艰。混成第九旅团的主力直到27日才开抵振威县，28日在素沙场安营扎寨，此时日军方才知晓清军已在牙山东北方向全州街道的成欢布好了阵势。

成欢之战

赶来迎击的清军部队，是由聂士成率领的约2500名士兵。他们驻扎成欢，设好了6门野炮以候日军。而司令官叶志超则与聂士成协商之后，率一营兵力退往公州并已抵天安。清军将其主力部署在成欢及其东北方向的罂粟坊主山，另派一部在西北方向的银杏亭高地待命。为予应对，大岛义昌制定了如下作战方案：右翼部队牵制银杏亭高地的清军，以旅团主力向罂粟坊主山发起攻击。

7月29日凌晨，日军开始从营地出发。但因天降大雨、河面涨水且对地形不熟，武田秀山中佐率领的右翼部队行军困难。3时20分左右，其前锋部队渡过安城川即将接近佳龙里的村落时突然遭到了攻击，中队长松崎直城当场战死，士兵亦伤亡惨重。右翼部队曾尝试向右迂回包抄清军，但因为时山袭造中尉与22名士兵跌入河中溺亡而未果。这次战役，被日本国内媒体报道为"安城渡之战"。当时的报纸曾大肆宣扬战役中白神源次郎①的"勇敢无畏"，称其宁愿战死也坚持奋勇向前。或许正是在付出了如此巨大的伤亡之后，右翼部队才最终到达了银杏亭高地。

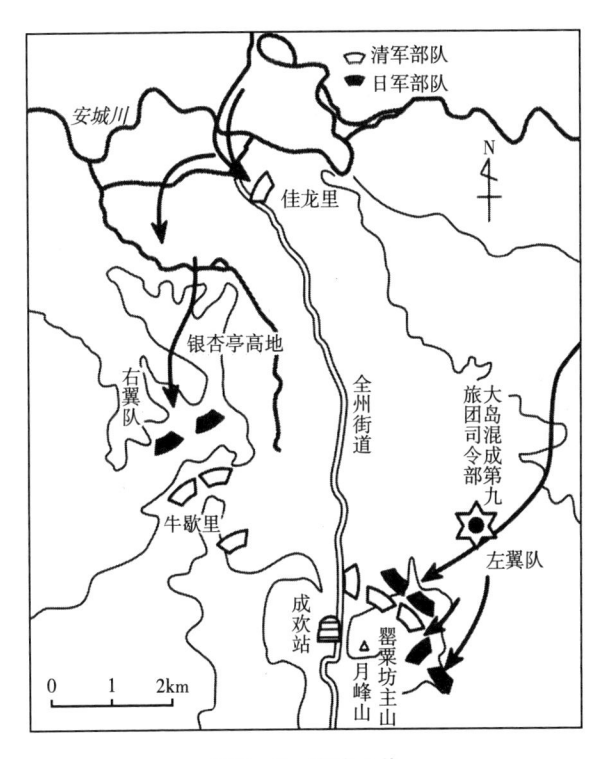

图 2-2 成欢之战

资料来源：奥村房夫監修・桑田悦編『近代日本戦争史・第一編日清・日露戦争』同台経済懇話会、1995。

---

① 后改名为"木口小平"。

另一方面大岛义昌所率的主力，其前锋部队开始逼近罂粟坊主山，且后续部队已围攻了清军两翼，迫使罂粟坊主山的清军守兵开始后退。此时聂士成身先士卒，跨上白马在枪林弹雨中指挥身边的士兵前往增援，故激战又持续了下去。

清晨 7 时，日军突进至罂粟坊主山的清军阵地。成欢、银杏亭高地的清军见此情形便开始往南面撤退，最终以日军取胜而告终。在此次战役中，日军伤亡人数为 82 人，消耗炮弹 254 发，消耗子弹 67801 发。清军方面，根据《明治二十七八年日清战史》记载，伤亡人数在 500 人以上。虽然此后的日本学者都沿袭了这一说法，但从中方的史料来看，这一数字存在被夸大的可能。

因为大岛义昌坚信清军主力在牙山，所以他继续率部向牙山前进并于下午 3 时到达，然而那里却不见清军踪影。故可以认为，日军虽然在成欢打了胜仗，但并未实现"给清军以毁灭性打击"的目的。

为了再返回汉城与清军对峙，混成第九旅团又于 7 月 31 日从牙山出发，8 月 5 日回到了驻地龙山。大鸟圭介、朝鲜国王特使李允、大量在朝日侨均参加了"凯旋"仪式。

而败退的 3000 名清军官兵则因为日军未有追击而在南面的公州重新集结，他们在叶志超与聂士成的指挥下返回了平壤。

据聂士成的《东征日记》所言，成欢战败的第二天即 7 月 30 日，他与叶志超在公州会合，向其提议整合部队返回平壤，以重整旗鼓。31 日，清军开始从公州往东北方向行军，先后经过清州、清安、镇川、清风四地，又转往西北方向，途经原州、春川、金化、伊川、遂安、祥原，于 8 月 28 日回到了平壤。

《东征日记》中提到，清军的食宿均由朝鲜方面提供，且一直避免与日军接触。同时，若遇到落伍者则将其收容，若遇大雨而行军困难则原地待命。可以说在如此周到的隐蔽策略之下，清军在返回平壤时保持了战斗力。在途经狼川时，他们曾遇到过平壤守将左宝贵派出的侦察兵，并从其手中接到了李鸿章的电报：18日在平壤集结以图东山再起。至20日，该部与左宝贵派遣出迎的骑兵部队完成了会合。而叶志超则先行进入平壤，由聂士成负责殿军，由此宣告长达400千米的艰难撤退行动顺利完结。这可被称为一次军事壮举。

围绕宣战诏书出现的混乱：战争是何时开始的

在海、陆两方面开战之后，日中两国便开始着手宣战事宜。

首先是清政府方面：7月29日，清廷向驻日公使发去了归国命令；30日，总理衙门向各国驻华公使递交文书，指责开战的责任在于日本；31日，总理衙门的庆亲王通告日本驻华公使小村寿太郎，将废除《中日修好条规》，断绝两国间的一切来往；8月1日，光绪帝颁布了对日宣战诏书。日本方面则在7月31日向各国驻日公使发出了交战声明。这显然意味着两国在国际法上已进入交战状态。

7月31日，伊藤博文指示内阁书记官长伊东巳代治与文部大臣井上毅起草宣战诏书。之所以选择井上毅，是因为他曾参与过《大日本帝国宪法》的起草，并在第一次伊藤内阁时期担任内阁法制局长官，多次策划过各类诏书的草拟工作。所以在此时期，多用汉文撰写的明治天皇诏书就看得出有井上毅的文笔。

然而7月31日向内阁会议提交的诏书草案，由于在开战对象、开战名义等问题上仍存在分歧而没有得到通过。

这里所谓的开战对象问题，即指"到底仅是对中国开战，还是同时对中、朝两国开战"。由于7月23日攻占朝鲜王宫时，一等兵田上岩吉战死，故陆军方面坚持主张战争敌国应为中国和朝鲜。

因为光绪帝在8月1日便颁布了宣战诏书，故为与之相抗，日方须尽早确认己方的诏书。2日，各方意见在议会上达成了妥协并最终决定：开战对象为中国，且诏书的日期定为8月1日。该诏书经明治天皇批准后，于2日公布在了《官报》的号外上。

另外，在开战后不久日本政府内部又就开战的日期问题产生了分歧。当时的主张大体有如下五种。

①7月23日，联合舰队为击沉中国军舰与运输船而起航的日期，同时也是混成旅团攻占朝鲜王宫的日子。此为海军、陆军的主张。

②7月25日，丰岛海战爆发之日。

③7月31日，日本向中立国发布交战声明之日，即国际法认定的开战日。

④8月1日，宣战诏书上所写的日期。此日期最缺乏根据。

⑤8月2日，内阁会议正式批准宣战诏书并公布的日期。

开战的日期，关系到何时开始适用战时法的问题，尤其与军人密切相关。结果在9月1日的内阁会议上，7月25日被正式确认为开战之日。这意味着7月23日与朝方进行的战斗不再属于甲午战争的范畴，进而促使《明治二十七八年日清战史》对史实进行了歪曲，将其定位成了偶然事件。而奉命参战并牺牲的一等兵田上岩吉，则在法理上无法被认定为战死者。

近年曾有一些颇具说服力的研究提出：设立大本营并对战争进行指挥时所发生的7月23日的战斗不可被认为是偶然事件，应定义为"日朝战争"或"7月23日战争"，从而与1894年7月25日爆发、1895年4月缔结条约、1895年5月批准条约后结束的"狭义甲午战争"合并，作为"广义甲午战争"的一部分而存在。但如此一来，批准条约①之后在已经被割予日本的台湾所进行的战斗又当如何定位呢？关于这一问题，本书会在后面的章节详述。因为与开战日期一样，对于终战日期的见解与讨论也是大量存在的。而且战争究竟何时开始、何时结束，这本身也是一个关系到战争性质的问题。是故，笔者将在最后一章中再次阐述自己的观点。

明治天皇对日中开战的想法

记载明治天皇相关事迹的《明治天皇纪》，曾在第八部分1894年8月11日一项中记录了一段与甲午战争爆发有关的、意味深长的插曲。

在8月2日发布宣战诏书之后，宫内大臣土方久元曾就派遣敕使赴伊势神宫与神武陵、孝明陵等先帝陵墓的人选问题与明治天皇进行过商议。当时明治天皇的发言令人意外："（此次战争）非朕平素之本意，皆因内阁诸臣奏请曰：不得已而开战。朕惟许之。于神宫及先帝陵前奉告此事，朕心甚苦。"也就是在说，甲午战争不是其谋划已久的战争，而是依大臣的请求而不得不批准的，所以不

---

① 即《马关条约》。——译者注

愿将此事告于先祖。土方久元对明治天皇的态度惊讶不已，正想谏言予以委婉劝告，却见明治天皇一脸怒气，只得无奈退下。

在训斥土方久元之后的第二天，明治天皇有些自责，便将其传来询问敕使人选。这使情况有所缓和。不过明治天皇在此后又缺席了8月11日在宫中三殿举办的奉告祭典，改由祭典部长锅岛直大代为祭拜。将如此重大的祭祀仪式交由他人代为进行，实在是史无前例的。这说明明治天皇对于这场战争仍是无法接受。那么，明治天皇为何说日中开战"非其本意"呢？

西川诚曾在其著作中论述道：明治天皇是一位不喜欢赌博式对外扩张的避战论者，他的这种想法受到其父亲孝明天皇、"原侍补"佐佐木高行与元田永孚等人的影响，抑或是有着伊藤博文等长州派的顾虑——担心国力不济而打算收缩对外政策。同时，明治天皇本身对于战败还特别恐惧，非常忌讳采取冒险策略将祖先代代相传的帝位与国家置于危险之境。①

事实上，桧山幸夫曾对此做过更为具体的阐释：明治天皇对出兵朝鲜本身是不反对的，但若因出兵导致对华关系恶化，便会对政府的决定产生怀疑。所以他希冀在议会通过此项决议的同时，得到伊藤博文与陆奥宗光更为详细的说明。由于这一原因，伊藤博文与陆奥宗光时常避免与明治天皇会面，抑或是不向其汇报重要形势与决议，往往事后才告知。对于陆奥宗光报喜不报忧的做法，明治天皇尤其满腹牢骚，所以他才会最终震怒称："（事先未汇报情况便）

---

① 西川誠『明治天皇の大日本帝国』。

突然要求朕发布宣战诏书,让人全无思考余地,不得不允之。"①

明治天皇是一位惯于投石问路的慎重论者。他所做的判断,背后存在着对祖先"万世一系"的帝位与国家将入险境的恐惧。而且他已年过四十,正步入壮年期,自然会渴望提出自己的想法。正因如此,他才会对伊藤博文、陆奥宗光隐瞒重要情报,发动战争后不经汇报便要求自己批准宣战诏书的态度感到愤怒。这或许就是他宣称"此非朕之战争,乃大臣之战争"的原因所在。十年以后,明治天皇的性格在日俄战争的开战决议中又一次表现了出来。他当时咏颂的那句"四海之内皆兄弟,缘何风波乱人间",正是其内心不安的真实写照。

不过明治天皇也绝非单纯的和平主义者。在镇静下来,理解了事态发展之后,他便开始热衷于指导战争。尽管如此,甲午战争仍是其心头的一大负担。有记录为证。

战争结束后,明治天皇从大本营所在地广岛返回东京。1895年5月12日途经京都时,他把私交甚密的枢密顾问官佐佐木高行单独叫了过去。平时沉默寡言的明治天皇,此时滔滔不绝地谈论起了这场战争,佐佐木高行只是在一旁沉默聆听。② 可以说,明治天皇正是在向身边的亲信宣泄着战争期间所背负的巨大精神压力。

---

① 檜山幸夫『日清戦争:秘蔵写真が明かす真実』講談社、1997。
② 津田茂麿『明治聖上と臣高行』。

第三章　占领朝鲜半岛

一　平壤之战

战争指导体制

在决定出兵朝鲜后,日本根据前一年公布的《战时大本营条例》于1894年6月5日在参谋本部设置了大本营。《战时大本营条例》规定:将侍从武官、军事部门职员、幕僚、兵站总监部、管理部及陆军大臣、海军大臣列为大本营成员。但由于未像德国那样在军事部门中设立直属于天皇并掌管军队礼仪与人事、回应军事咨询的侍从武官局,所以只得由参谋总长有栖川宫炽仁亲王作为幕僚长统管下属幕僚,并向天皇上奏作战计划。

同时因为此时的参谋总长是"帝国全军的参谋总长",故在其之下的陆军负责人为参谋次长(川上操六),海军负责人为军令部长(中牟田仓之助)。[①] 其中,川上操六还兼任了兵站总监,掌管陆军的总体作战任务。

7月17日,首届大本营会议在皇宫召开。明治天皇莅临了会

[①] 1894年7月17日起由桦山资纪接任。

议，枢密院议长山县有朋也被要求出席，进而从27日开始伊藤博文首相也参加了会议。山县有朋是现役陆军大将，作为武官出席会议无可厚非，但身为文官的伊藤博文出现在大本营会议上却是史无前例的。其原因在于，伊藤博文不仅是首相，同时也是藩阀势力的实际掌权者，深受明治天皇信任，故虽为文官也能够参与作战指导的会议。此外，外务大臣陆奥宗光也在随后列席了大本营会议。8月5日，大本营会议室被移至皇宫西之丸的明治宫殿正殿，其事务室也设置在了宫殿之内。

8月27日，长州出身的原陆军次官冈泽精少将被任命为首任侍从武官，因为负责上奏军令事宜，故也加入了大本营。1896年6月1日大本营解散之后，侍从武官制便固定了下来，由侍从武官长负责军令事务的上奏，而陆海军大臣的上奏则专门交由侍从武官长掌管。

从短期战到长期战

日本既然已决定对中国开战，就有必要制定基本的作战方针。8月5日，参谋总长有栖川宫炽仁亲王与参谋次长川上操六拜见明治天皇，就"作战大方针"一事进行了汇报。因此事被记录在《明治天皇纪》中，[①] 故以往均将该日作为确定基本方针的日期。但根据近年的研究结论，甲午战争时期的陆海军共同作战方案早在6月21日之前就已制定完毕，且在同一天的内阁会议上做了报告。进而以此为基础，日方于7月间确认了"作战大方针"。至7月23日，联合舰队的司令官开始率舰队从佐世保启航，而第五师团的师

[①] 『熾仁親王日記』。

团长野津道贯则于 7 月 30 日接到了出征朝鲜的命令。他们两人均接到了上述方针的指示。

事实上,"作战大方针"是陆军从 1880 年代便开始着手策划的方案。其核心内容是:夺取黄海与渤海的制海权,在秋季之前以陆军主力登陆渤海湾北部,将在北京周边的直隶平原与清军展开决战作为战略目标。若制海权未能落实,则将尽力确保当前的朝鲜局势;若制海权为北洋海军所得,则将派兵支援混成第九旅团击退在朝清军。

但在 7 月 25 日丰岛海战以后,日本海军所期盼的舰队决战之机却并未到来,因此也就无法谋求制海权了。8 月 9 日,日军修订了"作战大方针",直隶决战被延期到了来年春天以后。这自然意味着以短期决战为目的的甲午战争开始向长期战争发生转变。

这一新方针于 8 月 31 日正式被确定为"冬季作战方针"。其中规定:占领辽东半岛的旅顺作为直隶战役的据点,为确保平壤附近的稳定,将扫清驻朝敌军,同时将进军"满洲"的中心城市奉天以分散位于直隶平原的敌军,进而还会向平壤附近输送大部队以备直隶决战。

为了实现这一计划,大本营于 8 月 14 日将第三师团与第五师团编为第一军,令其占领朝鲜之后越过鸭绿江侵入"满洲";同时又将第二师团与混成第十二旅团编为第二军,以图攻占辽东半岛的旅顺。

第五师团主力开往朝鲜

大岛义昌率领的混成第九旅团被运往朝鲜之后,滞留在日本国

第三章 占领朝鲜半岛

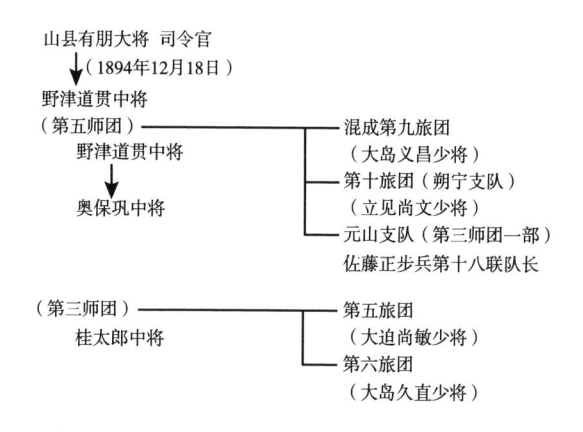

```
山县有朋大将 司令官
    ↓（1894年12月18日）
野津道贯中将
（第五师团）────┬──混成第九旅团
    野津道贯中将  │    （大岛义昌少将）
      ↓         ├──第十旅团（朔宁支队）
    奥保巩中将    │    （立见尚文少将）
                └──元山支队（第三师团一部）
                   佐藤正步兵第十八联队长

（第三师团）────┬──第五旅团
  桂太郎中将    │    （大迫尚敏少将）
              └──第六旅团
                   （大岛久直少将）
```

图 3-1　日军第一军战斗序列（初编时）

内的第五师团于 7 月 30 日接到了大本营的赴朝命令。虽然使用运输船将部队送至仁川是最有效率的方法，但因此时日本尚未取得制海权，与该师团司令部一同出发的部队不得不选择从釜山、元山登陆，通过陆路开往汉城。釜山、元山分别距离汉城约 400 千米、200 千米路程，且道路难行。

第五师团师团长野津道贯留下了一本从军日记，名为《明治二十七八年阵中日记》。该日记并非由他本人所写，而是其副官所做的记录。原书与抄本各有 16 册，详细记述了 1894 年 6 月 4 日至 1895 年 5 月 1 日所发生的事情。

据该日记记载，野津道贯与师团司令部在 8 月 4 日乘熊本丸从宇品出发，6 日到达了釜山。同日便向大本营汇报：因从釜山到汉城的道路颇为难行，故希望仅派一大队继续前行，剩余部队至元山登陆。但大本营拒绝了这一提议。结果该部队不得不于 8 日继续行军，同时为了减轻疲劳将每人背负的"五贯"即约18千克重量的背囊送回了釜山。11日、13日的日记中还曾提到其他关于行军过程中的困难，如因"韩币不足"无法支付雇佣朝鲜劳工的工资，这些劳工"逃之夭夭，致使部队无法前进"，"缺钱缺粮，停滞不前"，等等。

8月14日，到达洛东地区的野津道贯终于忍无可忍，再次向大本营汇报：路途险阻、"韩币"与粮秣短缺，且难以雇用朝鲜劳工运输物资，望批准部队在元山或仁川登陆。此时大本营也意识到了这一情况，批准后续部队在联合舰队的护卫下开往仁川。最终，野津道贯一行越过险岛峻岭到达了忠州（忠清道），又乘船从可兴沿汉江而下，经过了十多天的行军之后于19日抵达了汉城。

在元山登陆的部队包括：步兵第二十二联队（松山）第二大队、后续的步兵第十二联队（丸龟）第一大队与炮兵。他们也同样经历了行军的艰难。曾留下过一本《日清战斗实验录》的下士官滨本利三郎曾是松山中学的一名体育教师，同时也是虔诚的基督徒。他于6月13日接到了征召令，8月2日从松山郊外的高滨乘船起航，于5日到达了元山。

滨本利三郎所属的第二大队由大队长安满伸爱少佐率领，包括900名军官、士兵和400名日本军夫。他们于8月6日从元山出发后，因遭遇酷暑而不断出现掉队者。身材矮小却背负着"五贯"的背囊与4千克的村田式步枪，在作战装备超过20千克的情况下，士兵们还要忍受朝鲜高达40℃的高温天气。所以该部队在8日抵达淮阴时，征用的三百多头牛中有一半以上已因疲劳过度而死，朝鲜劳工亦纷纷逃亡。

据称负责背送粮食的劳工因过度疲劳而动弹不得,痛苦至极的情况下曾说出过"干脆杀了我们吧"之类的话。为严明军纪,监督官曾斩杀过一名劳工,但这些困顿不堪的劳工只是恐惧而已,并无继续前进之意。结果安满大队长决定:劳工只需担负能够承受的行李即可,其他就地扔弃;让征用队先行以确保粮食充足;为避酷暑,选择夜间行军。

辎重的困难:"运输的限度"

在此有必要来确认一下甲午战争期间日本陆军弹药与物资的运输方式。

因日本陆军效仿的对象是法德两国,所以马匹成了当时颇为重要的运输方式。

具体来说,炮身长且重量沉的野炮是由挽马,即拉车马匹拖拉前行的,而炮身短的山炮则在分拆之后由驮马运输。与欧洲国家用马车运送弹药、物资有所不同,日本由于道路情况复杂,基本使用的是驮马。

甲午战争时期日本的主要马种是体格贫弱的本国马,无论在质量上还是数量上都难以获得足够的保障。因此只能让士兵代替马匹来牵拉车辆,或是直接背负军资。

这里所说的"驮马"具体指的是为马匹安装特殊的马鞍后将物资分配在其两侧进行运输的方式;而"徒步车辆",则是将两匹驮马所承载的约188千克物资堆积在所谓"大八车"的木制两轮车上,交由三四名辎重运输兵牵引前进的方式。

需要指出的是,即使在运输相同军资的部队中,辎重兵与辎重运输兵[1]也是截然不同的。简单地说，辎重兵利用驮马或马车来运输物资，而辎重运输兵则是自己徒步运输物资。辎重兵可与其他兵种一样获得晋升，而辎重运输兵由于在营时间短，大多到战争全面爆发时都未能晋升，充其量也不过是二等兵而已。所以该兵种经常会被歧视，抑或被嘲笑——"要是辎重运输兵算军人，那蝴蝶、蜻蜓都可算鸟类了"。

事实上，由于从民间征用马匹并不容易，受过严格训练的辎重运输兵又数量偏少，战争一旦打响，日军就会临时雇用老百姓充当军夫以弥补驮马和辎重运输兵的不足。可以说，明治时期日本陆军最大的弱点便在于马匹数量的不足与质量欠佳。无论在甲午战争还是在日俄战争中，辎重与后勤部队都没有完全按准则行事，均采取了不少变通之道。

最先开进朝鲜的是大岛义昌的混成第九旅团，其辎重兵数量远低于规定标准，而且没有任何马匹与徒步车辆，非常欠缺运输能力。为了南下攻击驻守牙山的清军，他们从驻朝日侨中招募了军夫并强行征用了朝鲜劳工和马匹。

在此之后进入朝鲜的野津道贯第五师团余部则与之不同，除步兵、骑兵、炮兵和工兵之外，作为支援部队的大小架桥纵队[2]、弹药大队、辎重兵大队、卫生队、野战医院也配备齐全，拥有正规的后勤部门，是一支总人数多达14500人的大部队。

但即便是如此规模的部队，其辎重运输兵也仅963名而已，未

---

[1] 抗日战争时改称"特务兵"。
[2] 即负责为工兵搬送所需架桥材料的部队。

表 3-1 甲午战争中日军出征师团所动员的人马数量

单位：人，匹，辆

师团		人员总计	各兵种	辎重运输兵	军夫	挽马	驮马	徒步车辆
野战师团	近卫	13880	13118	2217	0	1585	805	0
	第一	20086	15559	1846	3768	384	1142	1405
	第二	20052	15957	2452	3351	384	1142	1405
	第三	18087	14982	1231	2354	0	4154	0
	第四	19972	19198	2213	0	1970	1190	0
	第五	20878	15928	2136	4169	0	785	0
	第六	17808	16982	2438	90	497	3581	0
	临时第七	5875	5551	1011	4	0	1041	0
	合计	136638	117275	15544	13736	4820	13840	2810
兵站部	近卫	4151	436	0	3492	0	0	989
	第一	4804	370	11	4256	0	11	1216
	第二	4783	356	25	4256	0	9	1216
	第三	4893	363	13	4346	0	733	1000
	第四	4800	361	9	4264	0	9	1216
	第五	1703	287	18	1022	0	0	0
	第六	3841	634	363	3053	0	360	870
	临时第七	45	4	0	0	0	0	0
	合计	29020	2811	439	24689	0	1122	6507
总计		165658	120086	15983	38425	4820	14962	9317

资料来源：「動員人馬総員」陸軍省編『明治廿七八年戦役統計』上巻、41~43頁。

及规定人数的一半。因此，作战部队与后勤部队雇用了超过5000人的军夫来承担运输工作。由于这些军夫只能背负弹药、粮食，所以第五师团的军资运输能力仍是非常低下的。

第三师团的动员

8月4日,大本营下令动员驻扎在名古屋的第三师团。师团长桂太郎中将认为这是试验自己所建军事体系的良机,所以非常积极、干劲十足。

当时该师团所接到的战略任务是攻占辽东半岛,为直隶决战积蓄战斗力。由于误以为辽东半岛的道路条件不佳且难以确保马匹饲料的充足,负责运送弹药与粮草的辎重部队曾一度将驮马更改为徒步车辆。但在此后接到了"转调朝鲜,驮马可在朝鲜使用"的通知后,大本营又为其恢复了驮马编制,并令其准备军夫与徒步车辆以便强化运输能力。至8月末,第三师团从名古屋启程开往朝鲜。因配备了驮马、军夫、徒步车辆,该师团与第五师团完全不同,运输能力可谓大大提高。

9月1日,大本营将第五师团、第三师团合编成了第一军。而在此前一天,枢密院议长山县有朋大将已被任命为第一军的司令官,他接到的任务是:将清军驱逐出朝鲜半岛。然而第一军尤其是第五师团的运输能力仍旧未能得到改善,存在着极大的问题。从汉城向平壤、鸭绿江行军的过程中,这些部队曾多次因粮草不足而不得不停下步伐。

下文还将提到由大山岩大将统率的第二军。该军当时由第一师团、第二师团、混成第十二旅团(属第六师团一部)组成,除驮马之外还雇用了大量军夫,[①] 故其运输能力有所提高。再加上黄海

---

① 各师团雇用了约8000名军夫,令其牵引徒步车辆。

海战之后从日本到辽东半岛已可直接实施海运，所以他们未像第一军那样遭受物资运输之苦。

第五师团长野津道贯决定进攻平壤

9月4日，第一军司令官山县有朋从东京出发，经由广岛于13日抵达汉城。桂太郎率领的第三师团也在同一时间开进了仁川和汉城。15日，山县有朋与桂太郎的部队又从汉城出发北进，在碧蹄馆停留了一晚。次日，他们便收到了攻占平壤的报告。野津道贯未等司令官山县有朋下达攻击命令便擅自向平壤发起了攻击。

事实上早在一个月前的8月19日，进入汉城的第五师团长野津道贯就与先行出发的混成第九旅团长大岛义昌进行过商议。野津道贯推测，在平壤的清军多达14000～15000人，在日清两国迟迟未能分出胜负的情况下朝鲜政府似有动摇之势，因此有必要以第五师团为核心尽早攻占平壤，于是他决心以为数不多的兵力发起攻击。

野津道贯当时拟订的作战计划可大致归纳为：①旅团长大岛义昌率领的混成第九旅团从义州街道北上，实施正面攻击；②第十旅团长立见尚文指挥朔宁支队，从东面迫近平壤；③步兵第十八联队长佐藤正，带领先行登陆元山的元山支队自北面夹击平壤；④自己统率师团主力在十二浦附近渡过大同江，向平壤西北面迂回切断清军后路。可以说这一作战计划是从日本陆军大学教官克莱门斯·梅克尔（Klemens Wilhelm Jacob Meckel）那里照搬来的，生硬地模仿了欧洲平原地区的分散、集中战术，将其套用在朝鲜战场上。但与铁路、运河等交通设施发达的欧洲明显不同，朝鲜的地形与运输条件是非常不便的。

8月30日清晨，野津道贯向大本营发去报告："拟自下月一日起率军北上，因后勤工作最为困难，故请尽快增援。"他完全明白第五师团缺乏运输能力却仍旧一意孤行，与大岛义昌一道强行发起了北上进军。

在野津道贯的战地日记中有一份发给大岛义昌的信函，其中下达了指示："在难以征用劳工与牛马时，可驱士兵为之。"（9月2日记）同时还写道：混成第九旅团开抵汉城与平壤之间的瑞兴府时，朝鲜人态度颇为冷淡，曾"以瓦石投掷我军"，而瑞兴府的官吏则有的逃亡、有的阳奉阴违，使征调工作愈发困难。作为混成旅团先锋的一户大队甚至未能征得任何牛马与粮食。故在此情况之下，大岛义昌威胁瑞兴府官吏："若我军今日得不到100头牛马、150石粮食，则必将烧光瑞兴全市！"关于此事，大岛义昌亦在5日写给野津道贯的信函中做了汇报（9月8日记）。因此可以说第五师团是在朝鲜官民的敌意中前行的。

在平壤之战的第一天，即9月15日清晨，该师团主力与元山支队就已经断了主食。当时他们随身携带的口粮只能维持两天。而朔宁支队，虽有两日的随身口粮与主食，但主食却不是大米而是"小米与大豆的混合物"。唯有作为先锋部队的混成旅团，因沿义州街道往前开进，故在粮食问题上获得了一些便利，保证了两天的主食与随身口粮。

当时他们随身携带的口粮，主要是由主食与副食搭配而成。主食包括烤硬的饼干或面包，抑或是称为"道明寺糒"的干燥米饭，而副食则有罐头、干鱼、咸鱼、佃煮①等物。一般来说，攻城战是很容易发展成为长期战的，所以日军缺乏粮食，实际上也就意味着丧失了打长期战的前提条件。在如此情况下向平壤发起进攻，可以说是十分鲁莽的。

而在清军方面，全无斗志的平壤主帅叶志超在与诸将的商讨中虽然提出过撤军之案，但因左宝贵等人的极力反对而未被采纳。再加上李鸿章与光绪帝当时下达了改守为攻的命令，所以清军在9月7日曾一度出动7000名士兵向日军发起攻势。不过就在当夜，清军便出现了内讧，结果导致作战失败，士气进一步下降。

日中的武器差距

平壤地处大同江右岸，南北狭长，分内城与外城。内城最北部的堡垒为乙密台，其北又以五个堡垒构成了北面防线。外城最北部的第一个堡垒为牡丹台，四面被城墙环绕，结构坚固，从当时的情况来看只有在其西侧的玄武门才有破城而入的可能，平壤的战斗正是以此地的攻守为焦点的。当时在外城的南面与西面均有城墙与堡垒；在平壤对岸、大同江左岸也分布着一些防御工事；城内与左岸之间的联系是用临时架设的舟桥来实现的。

守城的清军约15000人，拥有山炮28门、野炮4门、加特林机关枪6挺；进攻的日军兵力约12000人，拥有山炮44门。

甲午战争期间日军使用的大炮是从意大利引进技术制造的口径

---

① 佃煮，即用调料煮熟的鱼贝、海草等小菜。——译者注

75毫米的青铜炮。最大射程5000米的野炮和3000米的山炮,其实际上有效射程并没有这么远。在当时欧洲的发达国家,铸造钢铁大炮是颇为普遍的事情,但日本由于技术水平低下,而国内铜资源又十分丰富,故选择了性能偏低的青铜来铸造大炮。鉴于将在道路难行的朝鲜作战,第五师团与第三师团的炮兵联队采用了山炮编制,① 而步兵则普遍使用单发的村田枪。

与之相比,清军使用的野炮、山炮均是德国克虏伯公司生产的钢铁制品,步兵的枪支亦是从德国进口或模仿德国制造的国产枪,同时配备了德国最新的连发枪,故在武器水平上占据着上风。在平壤之战中,清军曾有效地利用先进武器让日军陷入困境。所以若认为甲午战争时日军在武器装备方面更加强大,显然是不正确的。

激战:混成第九旅团的正面攻击

日军在9月14日之前便已抵达平壤周边开始做战斗准备。最早迫近平壤的是混成第九旅团。他们于12日开抵距平壤南面3千米外大同江左岸的永济桥,并与清军展开了小规模战斗。而朔宁支队则在平壤东北面的国王岘附近伺机而动;元山支队在平壤北方的坎北山安营扎寨;师团主力在十二浦渡过大同江时因花费了一些时间,较晚到达平壤西部。

原田敬一曾就平壤之战中混成第九旅团的进攻与失败进行过详

---

① 山炮虽然威力较弱,但可拆分用驮马运输,故机动性较强。

第三章　占领朝鲜半岛

细的研究，笔者拟据此来介绍当时的情况。①

9月15日，日军开始从三面向平壤发起攻击。迂回到平壤西北侧的师团主力曾试图进攻平壤外城西南突出地段的安山堡垒，但因遭到清军猛烈的炮击与骑兵的冲锋而败下阵来，只好暂时撤退，为次日凌晨的攻击做准备。

除此之外，在同一天进行的主要战斗还包括混成第九旅团从大同江左岸发起的进攻，以及朔宁支队、元山支队从北面实施的攻击。混成旅团长大岛义昌在此前一天与朔宁支队长立见尚文联络时曾夸下海口："明日上午八点左右将与阁下在平壤握手，共祝天皇陛下万岁！"这说明他的目的并非是单纯的牵制，而是率领混成第九旅团一举攻占平壤。曾在成欢之战中大破清军的大岛义昌，显然已不把清军放在眼里。

9月15日零点时分，混成第九旅团从露营地出发，分三队向平壤左岸名曰长城里②的地方进军。若在此地架设舟桥，则可顺利渡河。凌晨4时多，日军抵达长城里南部的中碑街，开始攻打清军堡垒。三座堡垒中的一座在清晨5时被攻占，但另外两座却牢不可破。清军在此地用机关枪和连发枪实施了猛烈的射击，成功阻止了日军的前进步伐。天亮时分，混成第九旅团的炮兵队最大限度地迫近了清军堡垒并实施了炮击，却仍旧未得成效。进而又遭到对岸阵

---

① 大谷正・原田敬一编『日清戦争の社会史：「文明戦争」と民衆』フォーラム・A、1994；原田敬一「混成第九旅団の日清戦争——新出史料の『従軍日誌』に基づいて」一～三『仏教大学歴史学部論集』1～3号、2011～2013。

② 日方称"船桥里"。——译者注

77

甲午战争

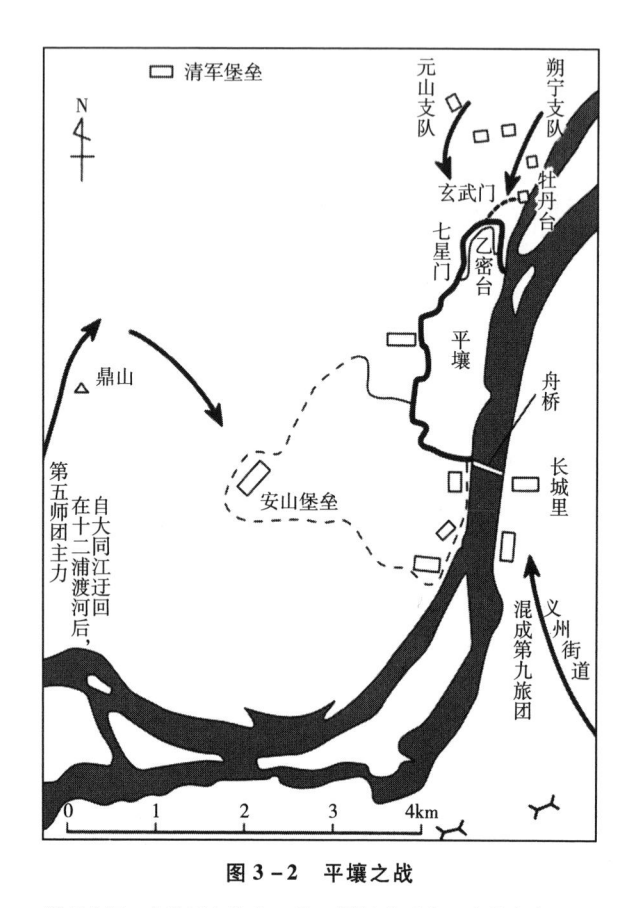

图 3-2 平壤之战

资料来源：奥村房夫监修・桑田悦编『近代日本戦争史・第一編 日清・日露戦争』。

地内清军炮兵的侧面攻击。此时，混成第九旅团的步兵与炮兵均陷入了弹尽粮绝的境地。曾有中队尝试过刺刀突击，但此举不仅收效甚微，且有部分中队的军官全部阵亡而致其部队的战斗能力丧失殆尽。

至当日下午，混成第九旅团方才撤退。在这场战斗中，该旅团阵亡130人、负伤290人，损失了约10%的兵力，故其战斗力遭到了极大的削弱。大岛义昌旅团长甚至在给师团长的报告中无奈地写道：本旅团如今已不再具备足够的作战能力。

占领平壤与清军败退

朔宁支队、元山支队在夜间行军后，于9月15日天亮前开始向位于平壤北侧的堡垒发起攻击。至清晨7时，他们已先后攻占了第二、第三、第四堡垒，继而又开始攻打坚固的牡丹台。经过炮击与步兵的多次冲锋，朔宁支队最终拿下了牡丹台，而元山支队的步兵第十八联队第六中队则紧接着突破了玄武门。

当时，一等兵原田重吉率先登上了玄武门，小队长三村几之助与其他士兵亦接踵而至，从城内打开了城门，使第六中队得以顺利破门而入。日本的各大报纸纷纷报道，作为"玄武门勇士"的原田重吉开始广为人知。

日军在占领外城的战略要地牡丹台后，又开始攻打位于内城北部的乙密台，但拥有坚固城墙防御的乙密台却一直在顽强抵抗。上午10时左右，200名清军步兵从乙密台西南的七星门主动出击，对箕子陵高地的元山支队发起了攻势。30分钟后，从同一地点又有100余名清兵出动进行增援。结果元山支队凭借猛烈的火力将其击退。在此次战斗中，清军主将左宝贵身先士卒，但不幸殒命。

左宝贵死后，日军仍未能攻克乙密台，故决定就地宿营。但未曾料到下午4时40分左右，乙密台上方突然升起了白旗。继而，一名朝鲜人带着平安道观察使闵丙奭的书信来到了日方军营。信中如此写道：清军将在休战后退回中国。

在这种情况下，朔宁、元山两支队为避免夜晚入城选择就地宿营，打算次日再进行入城仪式。而清军则在当夜的电闪雷鸣、风雨交加之中，自 8 时左右开始整队撤离平壤。虽然在途中曾遭到元山支队的攻击，但大多士兵均成功逃脱，回到了中国。结果，师团主力在莫名其妙的状态之下于次日 0 时 30 分开始强攻外城的暗门与文阳关，进而占领了清军放弃的平壤。

在平壤之战中，日军共计战死 180 人，负伤 506 人，下落不明者 12 人。由于混成第九旅团从正面攻击平壤，元山支队负责攻打乙密台，所以这两支部队的伤亡最为惨重。而清军则战死 2000 多人，另有 6000 多人被俘。其死亡人数之所以如此巨大，原因在于撤离平壤时遭到了元山支队的伏击。结果，日军在占领平壤之后获得了大量武器和 2900 石大米。这些大米可充当第五师团一个月的粮食，故大大地改善了缺粮问题，也为此后部队的进一步行动提供了极大的便利。

回顾战斗经过可以发现，9 月 15 日的战局对于日军来说并非有利。无论是第五师团主力，还是混成第九旅团，均因进攻失败而暂时撤退；自北面发起攻势的朔宁支队、元山支队虽然占领了城外的堡垒与牡丹台，但却在乙密台阵地受阻，无法顺利进占内城。若清军凭借其充沛的弹药与粮草在 16 日以后继续顽强抵抗，那么缺粮断草的日军将有可能陷入危机。故可以认为，正是清军的士气低下与临敌退缩，让日军白白捡到了一场胜利。

这有些胜之不武，但其政治意义却是不可估量的。此次胜利在日本国内被大肆渲染报道，意味着清政府的势力被完全赶出了朝鲜。在成欢之战中李鸿章曾隐瞒战败事实，向光绪帝汇报称清军获得了胜利。结果在平壤一战后，他被剥夺了三眼花翎和黄马褂，不断被人上奏弹劾。

二　黄海海战与日本国内形势

9月17日的遭遇

联合舰队为掌握制海权曾屡次寻找北洋舰队的踪迹，但决战的机会却迟迟未到。

李鸿章秉持着保存实力的方针，令提督丁汝昌回避无谓的战斗，决不能让日军轻易地侵犯渤海-黄海的防线。因此到了开战之后仍未夺取黄海北部制海权的日军大本营，只得命令第一军下属的两个师团经由陆路前往平壤。

清军舰队在护送铭军十营的4000名士兵赴大东沟①之后，于9月17日正午前返航途中与日军舰队遭遇。结果双方自12时50分开始交战，至日落时分才结束战斗。这便是历史上著名的黄海海战。

当时日军有12艘舰艇参加了战斗（约40000吨），清军14艘（约35000吨）。

日方拥有口径超过21厘米的重炮11门，而清军有21门，故后者在这一方面占据着优势。不过日军的轻炮有209门，比起清军

---

① 鸭绿江口北岸的港口。

的 141 门来说多了不少，且在舰队的平均速度上也更胜一筹。

其他方面，日军舰队主力并无装甲，北洋舰队主力均为装甲舰；日军采取单纵列阵形，北洋舰队以定远、镇远为先锋采取横向布阵。虽然曾有评论认为日军船员更加训练有素，士气也更为高涨，但也有人反驳称清军水兵的士气也并不差。

胜利：过渡期的军事技术与掌握制海权

战斗结束后，北洋舰队的经远舰、致远舰、超勇舰均沉没海底，扬威舰底座触礁后被摧毁。可以说日军舰队的速射炮在战斗中发挥了一定的效果，但在对抗定远舰、镇远舰时，装备在"三景舰"上的 32 厘米火炮却一无是处。定远舰与镇远舰曾分别中弹约两百发，且定远舰还燃起过熊熊烈火，但它们仍旧具备战斗力，与日军舰队主力持续激战。

另外，日军舰队虽未有沉船，但松岛舰、比睿舰、赤城舰却遭到了重创。

若从军事技术的角度来观察黄海海战的结果，我们能够清楚地看到：长期以来被当作常识的"撞角攻击战术"已然被时代所淘汰；同时，小口径的速射炮虽然可以有效地杀伤船员，但终究无法削弱装甲巨舰的战斗力。

日本取得了海战的胜利。虽然日军未能完全摧毁清朝海军的战斗力，但由于北洋海军退至威海卫、刘公岛基地不再出港，黄海的制海权实际上已交给了日本。这意味着日军在此后通过海路向大同江以北与辽东半岛进行陆军部队与物资运输成为可能。

从 9 月开始，日军将大本营移到了广岛，明治天皇甚至在 15

日亲自赶抵广岛督战。在随后的16日、20日，大本营先后收到了攻占平壤和黄海海战告捷的消息。当时的日本报纸曾大张旗鼓地报道了日军在平壤、黄海取得的胜利，促使日本国民狂热兴奋，配合战争、支持政府的活动也逐渐高涨了起来。

虽然民选政党曾在开战前大肆批判政府在修改条约问题上的软弱姿态，对外强硬派也对7月16日签订、8月27日公布的《日英通商航海条约》有些不满，但这并未引发新的反抗运动。战争爆发不久，伊藤博文首相便凭借着两场胜利稳定了其政治基础，逐渐在朝鲜问题与和谈问题上得到了深入思考、仔细研究的余地。

明治天皇与广岛大本营

广岛不仅是第五师团司令部所在的军事重镇，而且附近设有海军的吴镇守府、吴军港，南面还有天然良港宇品港。同时，以神户为起点通往广岛的山阳铁路在甲午战争爆发前的1894年6月业已开通。故若利用山阳铁路、早已开通的东海道线、日本铁路，便可从青森到广岛，将第二师团所在地仙台、近卫师团与第一师团所在地东京、第三师团所在地名古屋、第四师团所在地大阪全部用铁路串联起来，使军队的运输效率大大提高。所以在甲午战争时，广岛成为日军出征朝鲜和中国的基地，甚至大本营亦从东京转移至此。

日军参谋总长有栖川宫炽仁亲王是在9月1日向明治天皇上奏提议将大本营转移到广岛的。其理由是：因交通、通信手段尚不发达，日本对于即将在朝鲜与中国本土展开的战斗，有必要在距离前线更近的地方进行指挥，而且这也与大本营所设想的直隶决战密切相关。所以在次日，伊藤博文便与明治天皇就此事进行了商议，并决定大本营于8日迁至广岛，伊藤博文本人也将于9日亲赴此地。

9月13日，明治天皇也与侍从长、宫内大臣、参谋总长炽仁亲王，以及其他大本营幕僚一道从新桥出发乘列车前往广岛，并于15日傍晚顺利抵达。广岛大本营从1894年9月15日建立至1895年的4月26日撤销，一共存在了七个多月，其具体位置设在广岛城内的第五师团司令部。

第五师团司令部建有两层，在二楼专设有天皇的居室，且在该层还有天皇御用的传呼室、沐浴间、卫生间，以及侍从长、侍从的办公室，供大本营御前会议使用的军事会议室等。大本营各部门的办公室则在一楼。明治天皇在广岛期间便居住于此，从起床到就寝均着军装、穿军靴，晚上的照明设备也与宫中一样使用烛台。虽然有人曾提议冬季应安装暖炉，但他却强调"战地无暖炉"，一直用手炉来取暖。不过他也曾将广岛旧藩主浅野长勋的别墅"泉邸"作为"非常时期的御用住所"，在此举办宴会招待广岛的军人。

大本营御前会议

明治天皇莅临出席的大本营御前会议，事实上并非决定作战方案的会议，而不过是当场听取战况报告而已。此外，明治天皇有时也会在会议上接见出征或凯旋的将佐，倾听个别从战地返回将士的情况汇报，浏览每次战役缴获的战利品与清军俘虏数目。在开战之前，他曾对战争持消极态度。但在广岛时他却逐渐开始热衷起战事指挥，并曾咏颂过一系列军歌：《成欢之战》《黄海大捷》《平壤大捷》等。甚至还让军乐队进行演奏，或令其谱曲演唱。

明治天皇亲赴广岛在大本营直接指导战事，过着朴素而不便的生活，为战场将士的劳苦而思虑。在此过程中，一个"军人天皇"的形象便逐渐形成了。这自然为此后国民的战争协助与国内动员打下了基础。

不仅如此，当时的皇后也为"军人天皇"的形象添砖加瓦。她曾组织宫中的女官亲手制作绷带，将其送往陆军预备医院与战争前线，向那些因伤截肢的将士赐假肢，甚至还亲自慰问伤残士兵。譬如在1895年2月，皇后就曾访问过东京陆军预备医院，进而又在3月访问广岛之际特意慰问了广岛陆军预备医院病房内的士兵。

甲午战争期间的总选举

本书在第二章中曾提到，第二次伊藤内阁由于受到反藩阀在野势力尤其是对外强硬派的攻击，1893年以后连续解散过第五次议会和第六次议会，结果导致1894年进行的两次总选举都处于异常状态。第六次议会在战争爆发前的6月2日被解散，对外强硬派对于即将来临的下一期总选举采取了不同的策略，即由"条约履行论"转向"对清、韩强硬论"，同时继续攻击政府，以期实现一个无任何藩阀势力的新内阁。这一政府与反藩阀势力之间的对立即便在7月25日战争爆发之后也未能消除。

对外强硬派在接到对中开战的消息后便提出了"推翻伊藤内阁，组建全体国民支持的强力内阁，实施战争指导"的主张。而作为对外强硬派的代表性刊物，德富苏峰经营的《国民新闻》也在7月31日的社论中强烈要求"实施属于国民的战争"。

在公布了宣战诏书后直至平壤之战、黄海海战前的一个半月时间里，由于战事未能取得明显的进展，日本国内舆论开始躁动不安，不满情绪蔓延。譬如陆羯南经营的支持对外强硬派的刊物《日本》，就曾在8月20日的社论中宣泄不满：出兵已三个月时间，日中两国间竟至今仍未展开决战！继而表明了对伊藤内阁的质疑态度。

在战火熊熊燃烧的9月1日，日本举行了第四次总选举。向政府妥协的自由党，其议席数量减少了13席，却依然凭借着106个席位确保了第一大党的地位。而在对外强硬派的各政党中，立宪改进党减少了3席，仍有45个席位，国民协会和立宪革新党则分别增至30席和40席。除此三党之外，再加上大手俱乐部、财政革新会、中国进步党的议席，对外强硬派实际共获得了147席，吏党和无党派则合计为47席。

自由党虽然占据了第一大党的位置，但所有对外强硬派若联合起来，则可超过其议席数量。故从此点来看，众议院的情况与选举之前相比并未出现根本性的变化，一旦对外强硬派积极动员无党派的议员合作，就有可能取得院内的过半席位。由此可以认为，第二次伊藤内阁在当时仍旧面临着与解散议会前一样的严峻形势。

为应对这一局面，驻东京的递信大臣黑田清隆与内务大臣井上馨曾向伊藤博文提议：在总选举结束之后，需立即在大本营所在地广岛召开临时会议，同时发布戒严令，对攻击政府、支持对外强硬派的报刊记者、政党相关分子的活动加以限制。伊藤博文对此提案表示了同意。

9月22日，明治天皇正式发布诏书，确定将于10月15日在广岛召开第七次议会，会期七天。为了这次议会，政府甚至在第五师团的西练兵场专门建造了一座木制平房作为临时议事堂。同时经由内阁会议、枢密院的审议，政府在10月15日将广岛市区、宇品两地划定为临时战地区域，并在该两地实行了戒严令。

广岛召开第七次临时议会

在第七次临时议会召开的10月18日，明治天皇亲自来到了临时议事堂举办了开院典礼。次日，贵族院、众议院两院议长便开始执行工作，分别提交了贵族院、众议院对天皇敕谕的奉答书。在19日与20日，首相伊藤博文分别在贵族院、众议院发表了演讲。继而，由大藏大臣渡边国武向议会提交了临时军费预算案，其内容为：①为使战事顺利推进并取得胜利，政府需要设立一笔临时军费预算，金额约1.5亿日元；②同时募集1亿日元公债作为军费来源；③从1894年6月至战争结束，该临时军费应被列为特别账目。

这一临时预算案与相关法案当天便在众议院获得了一致通过，而贵族院也在次日通过了此案。进而，众议院与各派商议之后又通过了《关于征清事件及军备之建议案》《表彰远征军队战功之决议案》，以及感谢明治天皇御驾亲征的上奏案。

这里提到的《关于征清事件及军备之建议案》，其草案是由柴四朗等16人提出的，他们均属于对外强硬派之一的立宪革新党。该案强调：要举国一致、官民合作，以确保战事的顺利进行。为此，要谋求"军备的整理与扩张"。长期以来，对外强硬派一直秉持着打倒伊藤内阁的路线，但此时却为了战争而主张举国一致、充实军备，发生了路线上的变更。结果原定会期为七日的临时议会在短短四天之内便波澜不惊地完成了对各项提案的审议，于10月22日闭幕。

从第一次议会召开的1890年至第六次议会闭幕的1894年，是近代日本的"早期议会时期"。在这一时期所出现的情况是：民选政党以"节减政费、休养民生"为口号，对藩阀政府提出的预算案进行了削减，进而由对外强硬派的各个政党联合起来，在修改条约的问题上攻击政府，引发了政府与众议院的激烈对立，并反复上演了解散众议院、实施总选举的闹剧。然而在甲午战争的特殊形势之下，在大本营所在地的广岛召开的第七次议会却形成了"举国一致"的局面，这显然意味着政府与众议院的关系开始由对立走向合作，步入了新的阶段。

三　甲午改革与歼灭东学农民军

甲午改革：亲日开化派政权的尝试

以下，将把目光转向沦为战场的朝鲜。

此前提到，大鸟圭介曾于1894年7月23日协助混成第九旅团占领朝鲜王宫，"擒拿"了国王高宗，并在次日让大院君摄政，驱逐了闵泳骏等闵氏派人物，成立了新的朝鲜政权；进而在25日丰岛海战爆发，日中两国进入交战状态之后，于27日推选朝鲜的稳健开化派分子金弘集建立了亲日开化派政权。

该政权设置了所谓的"军国机务处"负责审议、抉择国家的所有政务。其总裁由金弘集兼任，主导内政的改革，同时开化派的金允植、鱼允中、俞吉濬、金嘉镇、安驹寿等人亦作为军国机务处议员在改革中发挥了核心作用。这场改革被称为"甲午改革",包括了自1894年7月金弘集政权成立至1896年2月因"俄馆播迁事件"① 导致政权崩塌期间的所有措施。

当时的开化派分子以甲申政变时期业已存在的自主改革方针为蓝本,曾提出过各种各样的改革方案。譬如在政治制度上主张推进近代化,实施宫府分离;在官员任用制度上废除了科举制;改变封建的身份制度与家族制度;在财政上实现一元化、租税货币制、进行通货改革;进而废除与清朝之间的主从关系;等等。

另外,大鸟圭介提出的"任用日本顾问、军事教官,接受日元流通,禁止防谷令"等要求也被朝鲜政府接受。而且在日方的要求之下,朝方还曾于8月26日在《日朝同盟条约》上签字,表示愿意全力协助日本对清作战。故日军在此后依照盟约,向朝方提出了提供劳工、牛马以便运输粮食与军事物资的强硬要求。

由此可见,甲午改革实际上是一场朝鲜服从日本,协助其对中国作战的改革。这在当时引发了开化派以外所有朝鲜人的反对。其中的保守政治势力,尤其是摄政的大院君,对开化派主导的此项改革表示了强烈反对。他们曾与清军、东学农民军进行联络,甚至还派出了刺客,以图推翻开化派政权。包括东学农民军在内的普通朝鲜民众,对于开化派政权屈从于日本、积极配合战争的行为及其改革措施也是持反对态度的。

---

① 指1896年2月11日朝鲜国王高宗率王族从日本控制的王宫逃往俄国驻朝公使馆的事件。——译者注

井上馨公使赴任与朝鲜的属国化

由于日本政府当时对列强声明的开战缘由为"改革朝鲜内政",所以伊藤博文逐渐感到有必要促使朝方的改革取得某些成果。在这一情况之下,大鸟圭介意识到自己的力量单薄,遂向其友人井上馨进行劝说,希望其辞去内务大臣一职,就任官职稍低的驻朝公使。伊藤博文对此表示赞同,他认为:井上馨既是藩阀元勋又曾担任过外务大臣,对朝鲜问题了如指掌,故派其出任公使推动朝鲜改革是值得期待的。

在平壤之战、黄海海战一个月后的 10 月 15 日,井上馨被任命为驻朝公使并于 27 日抵达汉城。上任初期,他曾尝试与朝鲜政府内部的开化派、国王亲信进行接触,以便共同对抗明确反日的大院君势力。进而在 11 月 20 日、21 日,他又与朝鲜国王会面,一方面要求其罢免大院君的摄政职权,另一方面提交了关于内政改革的二十条纲领,强迫其推行新的改革。与此同时,闵妃对内政的干涉也被其明令禁止了。

到了 12 月,朝鲜的政府机构被改造完毕,此前负责改革的军国机务处被废除,取而代之的是日本式的内阁。曾在甲申政变中被定罪为主犯而遭到流放的急进开化派分子朴泳孝、徐光范分别入阁成为内务大臣、法务大臣。之所以如此,乃是因为这些急进开化派分子,尤其是亡命日本的朴泳孝具有更为明显的亲日色彩。进而,井上馨还提出了雇用 40 余名日本顾问的要求,打算以他们为核心推行内政改革的同时,谋求电信与铁路等方面的利权,从而切切实实地将朝鲜变为日本的属国。

第二次农民战争：反日、反开化派

日朝两国政府于 1894 年 6 月 11 日缔结《全州合约》后，东学农民军便分散至全罗道各地实行自治，庆尚道、忠清道等东学势力强大的地区也同样实施了自治。对此，朝鲜史的研究专家将其命名为"都所体制"。所谓的"都所"，即指在道内各邑设置的农民军自治本部，有时也会用来指代自治区的负责人。而全琫准则作为农民军自治的最高负责人，以"大都所"的名义在各地进行巡视。

在"都所体制"之下，农民军尊重国法的同时，也不断推进政治改革。他们为了追求平等主义与平均主义而实施了各种措施。譬如解放奴婢贱民、废除杂税、惩治贵族和富民、将所有欠款一笔勾销、停止缴纳土地租金、为民众处理各种诉讼，等等。再加上参加农民军的富农与小农一到了农忙时节便会归乡，所以剩下的以贫农、无产者、贱民为主体的农民军又进一步将自治与改革推向了激进化。农民军本就缺乏素养，其中的下层民众还做出过某些无赖行径，故全琫准与地主出身的东学指导在此后逐渐陷入了困境。

新政府的全罗道观察使金鹤镇也无法忍受农民军的无赖行为。但鉴于自身军事实力偏弱，他只得在七八月间两次与全琫准举行会谈，委托农民军设置治安机关"执纲所"以便维护治安。全琫准虽然对此表示了同意，但在以全罗道为中心的东学组织"南接"的领导人中，地位仅次于全琫准的金开南却最终拒绝了这一要求。

东学农民军与全琫准都支持并期待着大院君作为摄政掌控政权。有鉴于此，长期以来反对开化派政策，认为其不过是日本傀儡的大院君向农民军派去了密使，敦促其尽快北上，以协助平壤的清军对日军实施夹击。

进而在9月15日平壤之战后,大院君又伪造国王密信,再次催促农民军起义。全琫准收到此密信后,决定在秋收结束的11月上旬按其指示发起行动。与此同时,全琫准还获得了全罗道观察使金鹤镇的协助,后者帮助他们解决了农民军的粮食与武器问题。

可以说这场农民战争与第一次完全不同,其目的从反闵氏政权变成了反日、反开化派政权。全琫准与农民军也开始自称为"忠君爱国"的义兵。

在第一次农民战争中,东学教祖崔时亨曾反对武装起义。但到了第二次农民战争,全琫准却进一步向忠清道为中心的东学组织"北接"发出了共同出兵的呼吁,并得到了部分响应。虽然"北接"与"南接"之间的相互争斗在第二次农民战争期间并未有所停歇,但毕竟相比于第一次起义,第二次的规模是更大的。在起义之初,全琫准的部队不过区区4000人而已,但其队伍北上抵达忠清道的公州之后却迅速壮大到了40000人。

对东学农民军的围歼

得知农民军再度起义的消息后,时任公使一职的大鸟圭介与外务大臣陆奥宗光进行了协商,打算派遣日军协助朝鲜政府军镇压东学农民军。10月下旬,开化派领导的朝鲜政府为镇压起义专门设置了"两湖巡抚营",由申正熙出任"都巡抚使"。

井上馨10月27日抵达汉城就任公使后,立即向伊藤博文发去了紧急派遣五个中队协助镇压农民军的要求。对此伊藤博文回复道:大本营将派遣后备步兵第十八大队(含三个中队)作为汉城守备队奔赴朝鲜，并在此基础上增派三个中队。被增派的这三个中队，隶属于日清开战时动员四国地区后备兵在松山组建而成的后备步兵第十九大队，[①]此前一直在下关海峡充当彦岛守备队。他们被派至朝鲜后，成为镇压农民军的骨干部队。

结果，日朝两国开始共同出兵镇压东学农民军。后备兵第十九大队作为核心部队，于11月12日从汉城郊外的龙山驻地出发分三路南下，而其他后备兵部队也作为援军被派往战地。当时其作战目的为：包围并攻击忠清道、全罗道的所有东学农民军，将其压迫至全罗道西南部，防止其再度起义。

最初拟订的作战计划规定：战事将持续29天，即于12月9日结束，此后全军将在庆尚道的洛东地区集合。除日军之外，朝鲜方面曾派出过2800人的中央部队，同时各地区的地方营兵、为应对甲午农民战争而组织起来的所谓"民堡军"的民兵部队也都参与了战斗。不过，虽然朝鲜政府派出的士兵数量居多，但战争的指挥权却掌握在日方手中。

第十九大队第二中队与朝鲜政府军进入忠清道公州城之后，于11月20日遭到了"北接"与"南接"联合军的攻击，双方的大规模战事由此开始。前后两次的公州战斗一直持续到了12月7日，农民军虽然在人数上占据着优势，但面对手持来福枪（施耐德步枪）的日军部队却不堪一击，结果死伤惨重、一败涂地。

在此之后，日朝联合军便开始在忠清道各地势如破竹，一举攻入了全罗道范围。东学"南接"的领导人金开南、全琫准、孙化

[①] 大队长为南小四郎少佐。

中接连被捕，进而日军又乘胜追击，将农民军逼到了全罗道的西南角，最终在海军的协助下完成了彻底歼灭。

现实中的作战比当初的计划延长了近两月时间，一直持续到1895年2月末。大队长南小四郎曾在战事结束后的谈话录《东学党征讨略纪》中记道：受井上馨公使与仁川兵站总监伊藤中佐之命，我军曾采取了悉数屠杀东学农民军的方针。可以说这句供词，与大本营兵站总监川上操六为防止农民军死灰复燃攻击日方补给线而下达的指示"悉数诛杀"完全保持了一致。

关于第二次农民战争中农民军死亡人数的问题，赵景达曾在《异端的民众叛乱：东学与甲午农民战争》一书中基于日朝两军所使用的弹药数量指出：毫无疑问，当时的死亡人数总计超过了30000人，若再加上因刺杀、捕杀、负伤后死去的人数，可推测总人数逼近50000人。虽然在死亡人数的最终确认上仍有一些问题需要进一步研究，[1] 但可以断定，甲午战争中最大规模的人员死亡极有可能发生在朝鲜境内。

---

[1] 该死亡人数系指日军与朝鲜政府军所杀害的农民军总数。

第四章　侵略中国领土

一　第一军与第二军的大陆侵略

第一军的北进与清军的防御体系

1894年9月中旬占领平壤之后，第五师团长野津道贯便将部队划分为两个部分，令步兵第十旅团长立见尚文带领第一梯队往北向安州附近推进，自己则亲率师团主力作为第二梯队驻扎平壤。由于清军曾在平壤北面进行过掠夺，故可认为当时存在着粮食短缺的现象。

第三师团是隶属于第一军的另一师团，其大迫支队①在元山登陆之后一直向平壤方向挺进，而以步兵第六旅团为基干的该师团主力则随师团长桂太郎一道自汉城沿义州街道北上，于9月末之前到达了平壤。

第一军司令官山县有朋在9月25日抵达平壤之后，得到了清军正在鸭绿江、辽东半岛一带集结的情报，遂决定紧急向鸭绿江方向发动攻势。10月1日，第一军接到了北进的命令，第三

---

① 除了作为先锋部队投入平壤战役的元山支队外的步兵第五旅团。

师团与第五师团分别于10月3日、5日从平壤出发向前推进。不过由于途中出现了粮食运输的问题，尤其先遣部队面临着严重的粮食短缺，山县有朋不得不于6日下达了暂停前进的指令，以便安排部队运送粮食解燃眉之急。结果军事行动直至14日才重新开启。

10月15日，第一军司令部进驻了安州并在那里接到了大本营发来的电报命令：为实现攻占辽东半岛的目的，已组建第二军，归大山岩大将指挥，并将于10月下旬通过海路开赴辽东半岛，故第一军"应在此前牵制当面之敌，间接地对第二军作战提供支援"。

据此电报，第一军于10月17日派遣第十旅团作为先锋部队攻占了鸭绿江南岸的义州，并于22日将师团主力推进到了义州南面地区。

在日军第一军逼近鸭绿江时，清军的迎击态势又是如何的呢？

接清廷命令，驻扎旅顺的四川提督宋庆率毅军前进到了义州对岸的九连城，与铭军统帅刘盛休、曾指挥成欢和平壤战役的叶志超等人就此地的防务问题进行了商议。同时，黑龙江将军、满族人依克唐阿亦接到了命令，开赴九连城进行支援。

当时负责全盘指挥鸭绿江防务的是宋庆和依克唐阿。宋庆作为诸军总统率领约18000名士兵、73门火炮驻守九连城阵地，而依克唐阿则指挥5500名士兵、8门火炮守备在上游约15千米处能够徒步横渡鸭绿江的水口镇对岸待命。宋庆还在九连城正面的虎山强化了防御工事，构筑了前进阵地。正是对该阵地的争夺，在此后成为鸭绿江渡江作战的焦点。

第四章　侵略中国领土

鸭绿江渡江作战

日军第一军当时曾计划10月25日对九连城展开攻击。作为前期准备工作，由第三师团步兵第十八联队主力组建的佐藤支队，在24日徒步渡过了水口镇附近的鸭绿江浅滩，打算在牵制攻击对岸依克唐阿部队的同时，于同日夜间在虎山前方架设军用桥梁。但由于架桥资材不足花费了大量时间，直至25日清晨6时左右才完成该项工作。

10月25日早上，大迫尚敏麾下第三师团步兵第五旅团利用军桥与民用船只完成了渡河作业，以7000人左右的兵力对虎山实施了攻击。对此，虎山的清军守备队立即进行了反击，并在此后得到了聂士成部队、刘盛休的铭军、宋庆的毅军、马玉昆等部队的增援，使第五师团陷入苦战之中。

第十旅团长立见尚文看到这一困境后，便命令麾下的第十二联队、第二十二联队按照指定顺序横渡鸭绿江，对虎山的清军发起攻击，进而越过叆河占领了九连城东北方向的榆树沟。虽然虎山北面的激战仍持续不止，第三师团步兵第五旅团的第六联队甚至一度处于危机之中，但在得到支援后最终攻陷了虎山北侧的栗子园。结果就在同日深夜，清军总统宋庆便带着毅军向凤凰城方向逃去，致使清军的其他部队亦闻风而退。

10月25日夜，第五师团的第十旅团在九连城东北的马沟、虎山扎下了营寨，第三师团则驻守在其东北方面的苇子沟至栗子园一线。也就是说，此时的第三师团位于右翼（东面），而第五师团则处于左翼（西面）的九连城附近。而当时第一军司令部所考虑并付诸实施的计划是：在26日的战斗中令运送能力更为出色的第三师团实施北进以向凤凰城展开追击，同时令第五师团攻占九连城，并进而向西面的安东县、拥有港口的大东沟进军，由此实现海上的运输以弥补运力的不足。

桂太郎师团长、立见尚文旅团长的擅自行动

但就在此时，日军的前线指挥官却开始违背司令部的指示采取了擅自行动。由于当时还不是无线电通信的时代，战斗中无法通过无线电进行指挥，故前线指挥官不可能每项行动都向司令部征求命令。这意味着他们的擅自行动有时是必要的。

第十旅团长立见尚文在得知九连城已无敌军踪影的情报后，便立即做出了沿奉天街道北上展开追击的决定。而第三师团长桂太郎则在接到清军撤出九连城的报告后擅作主张，令第三师团主力向西面迂回挺进安东。结果，这两支部队在九连城的北侧交叉而过，完全颠覆了第一军司令部的作战计划，尤其是桂太郎的行动让人有些匪夷所思。

关于此事，德富苏峰编纂的《公爵桂太郎传》中记载：若按第一军司令部的命令向凤凰城方向实施了北进，那么第三师团将会承担起辽东半岛的警备任务从而无法参加此后的直隶决战，所以他们当时"被司令部所怨恨，感到有些手足无措了"。[①]

桂太郎这种违背常理的抗命行动，确实遭到了以山县有朋为首的第一军司令部的非议，估计在山县有朋身边的第五师团长野津道贯当时也是愤慨不已的，但桂太郎却并未因此受到处罚。其原因在于，山县有朋曾在此前的平壤战役中认可过野津道贯的独断专行，

---

① 此内容来自甲午战争时第三师团参谋长木越安纲的谈话。

而野津道贯亦曾在朝鲜做出过不顾补给、执意作战的事情。故他们彼此应是心照不宣的。

结果第一军司令部在此后重新拟订了计划，打算从第五师团主力与第三师团中分别抽调部队来组建混成第五旅团，① 以便实施对凤凰城方向敌军的追击。但正如前述，由于立见尚文的第十旅团擅自展开了追击行动，且作为先锋部队的骑兵大队、旅团主力颇为顺利地于10月29日、31日先后进入该城并完成了占领，故此计划已变得毫无意义。混成第五旅团只得向西推进，逐次攻取了大东沟（10月31日）和大孤山（11月5日）等重要港口。

第十旅团长立见尚文曾是桑名藩的藩士，在戊辰战争中组织过所谓的"雷神队"与政府军交战，此后历任司法官并进入陆军任职。他先后参加过西南战争、甲午战争和日俄战争，既是战术专家，也是骁勇的将军。他在平壤战役中还曾率领朔宁支队攻占牡丹台，立下过大功。在擅自攻占凤凰城之后，他甚至指挥部队继续向前急进，从而在兵力不足的局面下与试图夺回凤凰城的依克唐阿发生了激战。

可以说不仅是第三师团长桂太郎，实际上当时第五师团长野津道贯、第九旅团长大岛义昌和第十旅团长立见尚文等军官都曾在战争中有过违背军令的擅自行动。

第二军的组建：向旅顺半岛的进攻

正如第三章所述，在接到平壤战役的捷报之后，日军大本营便

---

① 该部队由大迫少将指挥。

甲午战争

开始着手策划旅顺半岛的攻占计划，以便为此后的直隶决战获得据点，结果在9月21日组建了第二军。

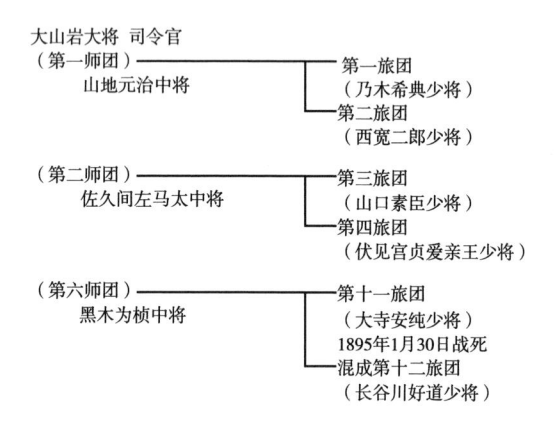

```
大山岩大将 司令官
（第一师团）         ┌─第一旅团
  山地元治中将       │  （乃木希典少将）
                    └─第二旅团
                       （西宽二郎少将）

（第二师团）         ┌─第三旅团
  佐久间左马太中将   │  （山口素臣少将）
                    └─第四旅团
                       （伏见宫贞爱亲王少将）

（第六师团）         ┌─第十一旅团
  黑木为桢中将       │  （大寺安纯少将）
                    │  1895年1月30日战死
                    └─混成第十二旅团
                       （长谷川好道少将）
```

图 4-1　日军第二军战斗序列（初编时）

该军由已经完成野战部队与后勤部队动员工作的第一师团和混成第十二旅团合编而成。[①] 计划在被送往辽东半岛之后，与被动员的第二师团[②]一道设立起包含16门加农炮、14门白炮的临时攻城部队，以图攻占金州与号称"拥有永久性防御设施"的旅顺。

9月25日，陆军大臣大山岩被正式任命为第二军司令官。在10月8日，他们接到了"与第一军相互沟通，与联合舰队保持合作，进占旅顺半岛"的命令。

在大山岩离去之后，陆军大臣的职务由西乡从道海军大臣兼

[①] 前者驻地东京，师团长为山地元治中将；后者属于第六师团，驻地小仓，旅团长为长谷川好道少将。

[②] 该师团原驻地为仙台，师团长是佐久间左马太中将。

任,而陆军省内的具体工作则交给了陆军次官儿玉源太郎。由于儿玉源太郎当时兼任着大本营的相关职务,故在人马动员及与对外作战相关的后勤工作方面,与参谋次长川上操六、参谋本部第一局长寺内正毅保持了密切的协作关系。①

可以说,甲午战争期间日军大本营的陆军事务正是由川上操六、儿玉源太郎、寺内正毅三人主导的。但由于在外出征的第一军司令官山县有朋、第二军司令官大山岩、第五师团长野津道贯、第三师团长桂太郎、第一师团长山地元治以及此后的第二师团长佐久间左马太、第六师团长黑木为桢均为川上操六、儿玉源太郎等人的前辈或同辈,且拥有着戊辰战争与西南战争的从军经历,故他们对于大本营的指示也未必是完全遵从的。

无谋的旅顺攻占计划

作为第二军前锋部队的第一师团将登陆地点选定为辽东半岛的花园口,故自10月24～30日,该师团分三批完成了登陆作业,其间未曾遭遇清军的任何抵抗。他们在登陆后于11月6日攻陷了金州城,并在此后进占了大连湾的各处炮台。而混成第十二旅团则于7日结束了登陆,宣告第二军的第一批部队在金州城附近集结完毕。

在占领金州后,第二军司令部随即展开了情报收集工作。情报显示:负责守卫旅顺的清军部队实际包括原来的守备力量与从金州、大连湾败退下来的残部,兵力共约12000人,而且因有大量新

---

① 川上操六当时兼任兵站总监,寺内正毅则兼任日军大本营运输通信部长。

募士兵，战斗力偏低。① 基于这一情报，第二军司令官大山岩决心在调来第二师团之前率先派遣第一师团和混成第十二旅团，与11月15日即将到来的临时攻城部队一道直接对旅顺发起攻击。

此时第二军的总兵力约为35000人，其中包括了缺乏战斗力的10000余名军夫。虽然他们主要是在后勤部门工作，但实际上在当时的第一师团与临时攻击部队中仍有不少军夫参与了野战部队与临时徒步炮兵联队的战斗行为。若暂不将军夫计算在内，第二军的兵力大约相当于旅顺守备部队的两倍左右。若再从这一数字中除去后方的守备队与支援部队，那么真正参与到旅顺战役中去的士兵人数还将进一步减少。可以说想要凭借这一规模的兵力对金州北侧的清军形成牵制并攻克坚固的旅顺要塞，实在是一个无谋的、极为大胆的举动。

二 "文明战争"与旅顺屠杀事件

欧美的目光与临时国际法

日本政府曾在8月1日发布的《对清国宣战诏书》中声明：战争的目的乃是实现朝鲜的内政改革与独立，对于战时国际法的相关规定必将严格遵守。他们在7月16日签署《日英通商航海条约》时亦曾考虑，为了与英国以外的列强展开修订条约的谈判，有必要在甲午战争中通过让日军遵守战时国际法这一举动来展示日本具备了"文明战争"的能力，以便向欧美各国证明自身乃文明国一员，

---

① 日军在占领旅顺后将该数字修订为13000多名。

从而加快修订不平等条约的进度。

而在日本民间，福泽谕吉等人也曾论称甲午战争乃是一场"文野之战"，即日本与"野蛮国家"中国的战争。他不仅在《时事新报》上发表了支持战争的论调，而且还亲自带头发起了有组织的军事捐款活动。结果这些"文明战争论""文野之战论"得到了不少民众的拥护，发挥了强化民族主义意识、加速战争后勤支援的作用。

如此一来，遵守战时国际法成为甲午战争的一大前提，日方亦为此做了各种准备。在开战时担任陆军大臣的大山岩曾于1886年计划让日本加入"不论敌我均对负伤者进行救助"的红十字条约（即《日内瓦公约》），被认为是最积极遵守国际法的陆军首脑。他基于开战诏书中关于遵守国际法的精神，主张"战争乃国与国之战，非人与人之恨"，并下达了服从红十字条约的陆军训令，要求将其印刷出来分发给外征的士兵。

有贺长雄还曾以第二军法律顾问的身份与司令官大山岩进行过协商，打算在甲午战争中执行战时国际法，并制定出了相关规则以禁止军夫携带武器和征用中国平民从军。

第一军虽然没有法律顾问，但第三师团长桂太郎因长年在德国留学，也对战时国际法有一些了解。

在日本海军里面，高桥作卫曾受法科大学教授穗积陈重的推荐在旗舰松岛号上任职，负责处理国际法的相关问题。

战争结束后，有贺长雄和高桥作卫曾带着陆海军的资料访问过英法两国。前者用法语撰写了《日清战役国际法论》一书，后者则在剑桥大学出版了《日清战争中的国际法案例》，称日军在甲午战争中严格履行了国际法的相关规定,并对丰岛海战中的高升号事件和旅顺屠杀等存疑问题进行了"辩解"。①

旅顺要塞攻略作战

11月14日,第二军从金州出发向旅顺进军。18日,秋山好古率领的搜索骑兵在土城子与双台沟之间遭到了清军攻击,战斗由此打响。日军因在当日有11名士兵战死、35名士兵负伤,不久便撤退了。结果在第二天发现,被遗弃在战场的死伤者被砍去了头颅或四肢。

20日,日军部队迂回包抄到了旅顺背面的清军防线。这导致作为该地行政首脑的道台龚照玙和军队指挥官黄仕林、赵怀业、卫汝成等人临阵脱逃,只剩下姜桂题、徐邦道、程允和、张光前等军官继续顽强抗击。当时用来防卫旅顺的炮台,分为海岸防御与后路防御两部分。其中海岸一侧设立的是防守北洋海军军港及船坞修理厂的永久性炮台群,包括58门重炮、8门轻炮和5门机关炮。

而用来防御陆地方向攻击的后路防御则是临时搭建而成的。在从北方进入旅顺的旅顺街道东侧有松树山、二龙山、东鸡冠山等炮台,西侧有案子山炮台群,共计重炮18门、轻炮48门、机关炮19门。

可以说与海岸防御相较而言,旅顺后路的防御处于尚未完工的

---

① 有贺长雄著作的法文版为 Ariga Nagao, *La Guerre Sino-Japonaise: au Point de Vue du Droit International*, A. Pedon, 1896。后译成日文:有賀長雄『日清戦役国際法論』哲学書院、1896。高桥作卫著作的英文版为 Takahashi Sakuyei, *Cases on International Law during the Sino-Japanese War*, Cambridge University Press, 1899。

状态，其弱点在于街道西侧的案子山。而东西两炮台群之间的白玉山阵地，则是防守旅顺的战术据点。

11月21日天将明未明之时，日军正式向旅顺发起了攻击。其中，混成第十二旅团负责牵制旅顺街道东侧的炮台，第一师团则作为主力部队负责攻占旅顺防御的弱点——案子山炮台群。步兵第二旅团长西宽二郎率领的部队以步兵第三联队为核心首先展开了进攻，其后紧跟着第一师团长山地元治的师团预备队。至清晨7时35分，他们攻克了案子山低炮台并进而在8时多占领了案子山的东西炮台。

继第一师团的攻势之后，以步兵第二十四联队主力为基干的混成第十二旅团右翼部队也开始对松树山炮台进行攻击。由于该地炮台的弹药在11时左右受炮击发生了爆炸，日军利用这一情况在11时30分夺取了二龙山阵地。另外，作为左翼部队的步兵第十四联队则在12时左右攻陷了东鸡冠山炮台并进占了其南侧的其他阵地。而在进攻旅顺要塞时被寄予厚望的临时攻城部队，则因为加农炮太过笨重，搬运困难，再加上故障频发，并未发挥出应有的效能。

与此同时，面对挺进旅顺城区的第一师团，清军曾在松树山炮台、刘家沟至白玉山一线顽强抵抗，以图阻止其继续前进。但由于目睹了松树山炮台的爆炸，他们逐渐丧失了斗志并开始向城区方向撤退。由此，清军有组织性的抵抗便宣告结束了。

11月21日黄昏占领旅顺

在这一时期，位于北方水师营中的第二军司令部实际上已经认为能够攻下旅顺了。在12时过后，他们向第一师团下达了全面占

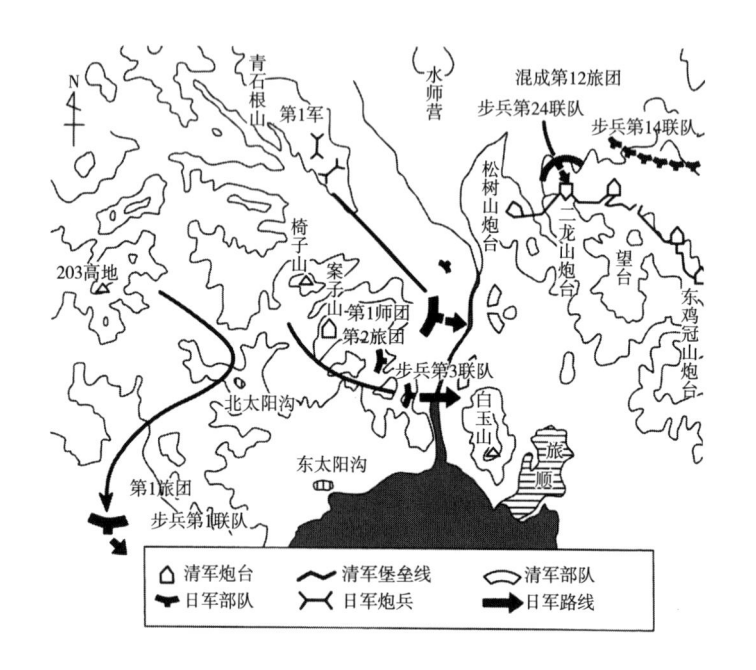

图 4-2 旅顺要塞攻防图

资料来源：奥村房夫監修・桑田悦編『近代日本戦争史・第一編日清・日露戦争』。

领旅顺的命令，并要求混成第十二旅团在防止敌军突围的同时，配合第一师团的占领行动。

然而到了下午 1 时 30 分，正向旅顺进发的第二军司令部却接到了宋庆部队进攻金州的报告。对此，兵力不足的日军部队只得用缴获的清军火炮进行反击，直到深夜才终于将其击退。

为了避免动摇军心，第二军司令官大山岩当时并未将清军进攻后方的报告转送给下属军官。他在下午 4 时左右判断旅顺清军已丧失抵抗能力之后，才指示当天尚未参与战斗的第一旅团长乃木希典率领步兵第十五联队第三大队前往金州支援。进而又在下午6时派遣粟屋干少佐带领步兵第一联队第二大队同去援救。但由于乃木希典迟迟未能与步兵第十五联队第三大队会合，其行动直到次日才付诸实施。

而在攻占旅顺的行动中，第一师团长在下午2时左右接到了正式攻占旅顺的命令，故其随即向步兵第二联队长伊濑知好成大佐下达了指示：集合第二联队与步兵第十五联队第三大队进占旅顺海岸附近的黄金山及其东侧各炮台。这些部队在伊濑知好成的指挥下集结于白玉山北侧的中央腹地，同时在下午3时30分派遣步兵第二联队第一大队作为先头部队侵入了旅顺城区，并在4时50分左右完成了对黄金山等地各处炮台与兵营的占领。此时已渐显暮色，且因暴风雨将至而气温骤降，不少部队只得就地休整。唯有伊濑知好成的士兵能够在旅顺城内宿营。

11月22日，日军各部队开始进占旅顺周边的其他炮台并扫荡清军残部。故第二军司令官大山岩于23日下达了命令：由混成第十二旅团负责旅顺与水师营的防卫，第一师团继续向金州方向进军。结果在旅顺城区、旅顺至金州一线的扫荡一直持续到25日前后才告结束。日军当时在旅顺所实施的屠杀行径，遭到了国际社会的谴责。

屠杀：各种不同的见解

这里所说的旅顺屠杀事件，在现在的中国被称为"旅顺大屠杀"，而在欧美则被称为 Port Arthur Massacre 抑或是 Port Arthur

Atrocities。在1894年11月21日的攻击中，日军占领了旅顺的核心要地，并从当日傍晚开始在城区及其周边实施扫荡。欧美的报刊均谴责称：他们在扫荡过程中对俘虏及非战斗人员乃至妇女、老人进行了无差别的屠杀。中国方面目前也认为，在旅顺大屠杀中约有两万人被杀害。

中国政府将此事件写入教科书，并在旅顺建立了巨大的万忠墓纪念馆。该纪念馆将这一事件作为展示日本帝国主义侵略性的典型对国民进行爱国主义教育。欧美的大学亚洲史教科书也对此有所提及。

但在另一当事国日本，此事却并不太知名。不仅如此，在著名的甲午战争史研究学者藤村道生的《甲午战争》一书中，当时的遇害者人数还被错误地统计成了六万人。[①] 故曾有人以此为依据将事情的严重性进一步放大，也有人对此事件本身持否定的态度。本书拟在此对旅顺屠杀究竟为何，即事件所涉及的范围、规模、原因做一探讨。

当时随第二军一同行动的欧美记者与观战军官曾在11月21日的城区战斗和次日以后的扫荡行动中目睹了日军拒绝收纳俘虏并一律屠杀，抑或是处决俘虏与平民的行径。他们惊愕不已，在批判日军屠杀行为的同时，也对日方"甲午战争乃文明战争"的主张提出了质疑。这便是欧美报刊所讨论的 Port Arthur Massacre，但其所涉及的范围、时间与遇害人数却是十分有限的。

对此，中方的主张是：在旅顺及其周边，无论在战斗中还是在

---

① 藤村道生『日清戦争』岩波書店、1973。

第四章　侵略中国领土

战后扫荡的过程中所丧生的士兵与平民都应全部归入旅顺大屠杀遇害者之列。故其统计出来的人数约为两万人。

在该事件的规模上，中方认为：之所以推定人数约为两万人，是因为在《马关条约》签订之后，负责接收旅顺的清政府官员顾元勋曾在万忠墓的墓志铭上写下了这一数字。该墓所建地点，位于日方旅顺口行政署与第十二旅团"为散乱各地的一千三百名敌军士兵执行火葬"后，于1895年1月18日召开追悼会并埋葬骨灰的"清国阵亡将士之墓"的木制墓碑之上。①

原来的万忠墓，被存放在了万忠墓纪念馆隔壁、为纪念甲午战争一百周年所建之新万忠墓的院墙之内。在那里铭刻着遇难者人数"10800"。虽然该数字的判断依据尚不明确，但可以认为这或许是顾元勋当时所判定的清军旅顺守备部队的人数。在抗日战争结束后的1948年重修万忠墓时，上面又刻上了这样一行字：我同胞之死难凡二万余人。这便是前述主张两万人的根据所在。或许是由于某些缘故10800曾被误认为18000，所以它又进一步被扩大到了"凡二万余人"。此外，日方的墓碑似乎与重修万忠墓以追悼遇难者的目的并不相符，故现在又另建了一座中国式的新万忠墓。

在旅顺沦陷之后，第二军参谋长井上光大佐曾在给参谋次长川上操六的信函中报告称，清军在旅顺战死2500人，在旅顺与金州之间地段战死2000人，故其死亡总数为4500人。而据欧美社会的新闻报道，在发生旅顺大屠杀之后，日军大本营的参谋总长

---

① 「我軍厚く旅順に敵の戦死者を祭る」『扶桑新聞』1895年2月27日。

有栖川宫亲王曾在12月20日给第二军司令官大山岩的书信中发出过如下问责:"旅顺口陷落之际,第二军妄加杀戮,杀尽捕缚之俘虏,又夺掠人民之财货,颇显野蛮之状。"这显然是针对第二军在旅顺所进行的无差别屠杀、滥杀俘虏和实施掠夺的行为,要求其进行解释。

对此,大山岩在回答中仅承认了前两项,且辩解称其原因在于旅顺城区的士兵与平民"混杂难辨",杀害俘虏乃是为了予以惩戒。而对于第三项事实则彻底否认了。据此我们至少可以判断认为,第二军司令部虽然曾努力进行过各种尝试,罗列了"战斗时正处黄昏""清军士兵曾脱下军服混入民间"等理由,但对于屠杀的事实却是不否认的。

旅顺半岛的柳树屯与苏家屯附近是一片狭窄的袋状地形,故当时清军残部的突围逃脱较为困难。不过日军因为兵力偏少,也不具备阻止清军突围的能力,所以旅顺守备部队的姜桂题、徐邦道、程允和及其属下将士大多顺利地撤到了北方,与位于金州北面盖平的宋庆部队会合。

据此可以总结认为,当时的遇难者人数不太可能超过10000,更不可能达到20000的规模。[1] 但日军在旅顺及其周边杀害的清军士兵极有可能超过4500名,其中不仅有在战斗中阵亡的将士,也有被屠杀的俘虏以及平民、妇女、儿童、老人亦包含在内。这应是确定无疑的事实。[2]

---

[1] 広瀬順晧編『参謀本部歴史草案』ゆまに書房、2001。
[2] 为完整呈现作者的观点,此处未做删改。——编者注

第四章　侵略中国领土

为何日本兵要进行屠杀：读士兵的战地日记

若查阅当时参战者的日记、随军记者的新闻记事或许可以确认：日军士兵实施大屠杀的其中一个原因，是曾目睹了清军于11月18日在土城子侮辱其战友尸体的情景，故决意报复。当然，其原因也并非仅在于此。

隶属第一师团步兵第十五联队第三大队的上等兵窪田仲藏曾在其日记中写道，11月19日，自己在土城子亲眼看到了清军将阵亡日军士兵的头颅与手足砍下并剖开其腹部的场景，故"余等见之，孰不可忍，曰此后见敌欲屠之为快"。①

此外，隶属于混成第十二旅团步兵第二十四联队第三大队第十一中队的小队长森部静夫少尉也曾记载道，看见被砍去头颅与四肢的尸体被担架抬回后，下属将士均"义愤填膺"，宣称"决心要为死者报仇"，而森部静夫自己也是"胸中有如焚火一般"。②

即便下级指挥官与下属将士情绪激动，欲报复敌人杀个鸡犬不留，若当时的上级指挥官对其行为严加禁止也不至于将屠杀事件推向如此严重的地步。然而，却有一些指挥官在煽动士兵的报复心理。

隶属于第一师团步兵第二联队的上等兵关根房次郎就曾记录称，土城子事件后，"山地将军曾有过如下命令……从今往后即便

---

① 窪田仲藏「征清従軍日記」、岡部牧夫「一兵士の見た日清戦争」『創文』124～128号，1973～1974。
② 森部静夫「征清日記」福岡市立図書館蔵『森部静夫文書』。

是平民，若有妨碍我军者亦将格杀勿论"。①

与关根房次郎同属步兵第二联队的小川幸三郎也在其日记中写道：11月21日下午3时30分以后突入旅顺城区之际，"曾接到命令称，自集结地出发时凡见到成年男性清国人均应当场捉拿并将其处死，以斩杀为宜，兵士们均跃跃欲试"。②

从这些战地日记来看，第一师团长山地元治、第二联队长伊濑知好成等上级指挥官在进攻旅顺之际，都很有可能下达过"将清军士兵与平民全部杀害"之类的指示。

结果，正如窪田仲藏在其《征清从军日记》中所描写的那样，日军士兵"只要见到清军便欲屠之为快，在旅顺城区遇见平民也将全部处死，道路上四处堆满了死尸而导致前行不便"，最终演变成了一场惨绝人寰的大屠杀。

不仅如此，大规模的杀戮并非仅限于11月21日的战斗，在22日以后开始的扫荡行动中也仍旧持续着。前述窪田仲藏所属的日军部队在21日侵入旅顺城区后，又在第一旅团长乃木希典的指挥下于次日从旅顺出发，北上扫荡清军残部，并在24日抵达了金州。在这一过程中，来不及逃亡的清军士兵均被"屠戮殆尽"，有士兵躲藏的村庄亦被彻底焚毁。窪田仲藏在其日记中写道，到达金州城南侧就地午餐时，眼前能够看到日军的战场清理队③正在对尚未死去的清军士兵"或砍或刺"。

---

① 関根房次郎「征清従軍日記」一ノ瀬俊也『旅順と南京——日中五十年戦争の起源』文藝春秋、2007。
② 小川幸三郎「征清日誌」千葉県編『千葉県の歴史』千葉県、1996。
③ 即负责接收敌我双方死者和伤者的部队。

大山岩担任陆军大臣时在训谕中所强调的红十字条约精神，在日军的下级官兵中未能得到贯彻。从山地元治、伊濑知好成、乃木希典等人的言行来看，曾参加过戊辰战争与西南战争的高级指挥官显然也没有遵从这一指示。故可以认为，旅顺大屠杀绝不是下级军官与士兵对清军残虐行径的一时报复，也不是偶然出现的事件，而是甲午战争时期日军组织构造本身的缺陷所引发的问题。

对欧美各国的辩解

甲午战争爆发后，日本政府曾尝试以外务省为中心向欧美各国发送对己方有利的战争情报。在当时的日本国内，这种企图对报刊信息加以管控的做法被称为"报刊操纵"，所以对于欧美的情报输出便被冠以"外国报刊操纵"之名。

这项工作，主要是由外务省的驻外公使负责的，但由于当时的日本外交官尚在语言能力与经验上存在着不足，故有时也需要借助某些外国人的协作。

在幕末时期来到日本并培养了大量医学工作者的菲利普·希伯尔特（Phillip Franz von Hilbert），其长子亚历山大·希伯尔特（Alexander Hilbert）就曾在外务省的授意下对英、德、法等欧洲国家的报社、通讯社展开过工作。在对美宣传方面，则由供职于日本驻美公使馆的外务省雇员达拉姆·史蒂文斯（Durham White Stephens）与曾在日本生活过的美国记者爱德华多·豪斯（Edward Howard House）具体负责。此外，当时日本递信省雇用的威廉·斯通（William Henry Stone）、在横滨主持英文报纸 *Japan Mail* 的布林克利（Captain Brinkley）也都曾配合过日本政府的对外宣传工作。

同时，大北电报公司①上海分公司的老板雅各布·亨宁格森（Jakob Henningson）还曾被收买，负责收集清政府的各类情报。②

日本政府积极地接纳并优待了为采访甲午战争而到访日本的欧美记者，其目的自然是让他们发表对日方有利的报道。当时的内阁书记官长伊东巳代治因为擅长英文，曾与他们接触并提供了信息，主动承担了昂贵的海外电报费，实际上与收买无异。

这些外国的通讯员大多跟随日军出征，不仅与当时对外通信困难的第一军共进退，而且还随第二军沿海路进入了辽东半岛。尤其是美国报纸 *New York World* 的记者詹姆斯·克里尔曼（James Creelman）、法国报纸 *Le Temps* 的记者拉格里（Lagery）、英国杂志 *Black and White* 与报纸 *Standard* 的记者威廉姆斯（Williams）等人，曾与英、法、美的观战军官一起跟随第二军司令部行动，目睹了整个屠杀事件。

不过，目睹了旅顺屠杀并将其传达给西方世界的并非只有他们。在第二军占领的旅顺城内，就有路透社记者斯特凡·哈德（Stefan Hard），而跟随日本海军的 *Herald* 报纸特派员哈维尔（Javier）则在战斗之后登陆旅顺。此外，根据《大山岩日记》的记载，俄国陆军的沃加克（Wogack）上校当时也来到了此地，他是甲午、日俄战争时期一直在东方从事情报活动的专家。

另外，当时为了观摩日中两国所用新型武器的实际效果，还有各国的军舰尾随着日本舰队。在占领旅顺之后的11月24日，美、

---

① 该公司是一家丹麦公司，以俄国为中间站，经营从欧洲到中国、日本的国际电报线路及中国国内电报线路。

② 外務省記録『日清戦役に際し外国新聞操縦雑件』外務省外交資料館蔵。

第四章　侵略中国领土

法、英三国的军舰曾开抵旅顺并令其船员上岸视察战场，还带回了一些纪念品。关于旅顺大屠杀的消息，正是通过上述各种渠道被传到西方社会。

其中，*New York World* 特派员詹姆斯·克里尔曼的报道应是最具影响力的。因为该报是纽约新闻大王约瑟夫·普利策（Joseph Pulizter）经营的著名报纸，一方面对美国国内社会问题、选举宣传问题倾注全力，另一方面对于国际问题也颇为热心。

年轻的詹姆斯·克里尔曼刚到日本时，曾对日方开战诏书中所宣扬的正义、文明之战深感赞同，对日本的文明开化大加夸赏，撰写了不少称颂日军勇敢无畏、遵守国际公法的新闻。但在美国领事的医生霍勒斯·艾伦（Horace Allen）的引荐下拜访朝鲜国王时，听到了其期盼美国派遣部队保护自己的请求，遂开始对日方的真实意图萌生怀疑，继而在经历旅顺大屠杀后转向了批判日本的态度。他认为，日本的文明开化不过是一种表象，其本质仍是野蛮的，所以为了确保驻日美国人的安全应该继续保持治外法权，同时对于日美两国的《日美通商航海条约》获得参议院批准也是极力反对。他的新闻记事与 *New York World* 的宣传曾产生过一定的效果，甚至对美国参议院审议《日美通商航海条约》也造成了影响。

此外，对"煽情主义"（Sensationalism）嗤之以鼻的 *London Times* 的特派员托马斯·科恩（Thomas Kern）也在大屠杀的问题上与詹姆斯·克里尔曼持有相同的观点。他认为日军自战斗结束之后的 11 月 22 日依旧持续屠杀俘虏和平民，如果要承认日本是文明国家，那么就必须对此负起责任。他从旅顺返回广岛后不仅给英国方面发去了稿件，而且还在 11 月 30 日、12 月 1 日先后拜访了伊藤博文与陆奥宗光,对日本政府的善后政策进行了质问。

听到他的质问,对旅顺大屠杀尚不知情的伊藤博文与陆奥宗光均惊愕不已,随即收集信息对政策展开了研究。但在当时,对于占领北洋海军基地后斗志昂扬的军队展开调查处分却是极为困难的事情。结果,伊藤博文与大本营商议之后决定:"因取证调查充满危险而不可行,故只得全当不知,据情况予以辩解。"① 最终对相关肇事者未加处罚,并将工作重点集中到了辩解上去。他们当时虽然充分运用了外务省组织的对外宣传网络,但传遍全世界的旅顺大屠杀使得西方各国对日本文明开化的质疑成了挥之不去的事实。

可以说,无论是师团长、联队长级别的高级指挥官,还是下级官兵,都未能遵照执行伊藤博文、陆奥宗光,以及热衷于遵守国际法的第二军司令官大山岩所提倡的"文明战争论"。这最终成为引发旅顺大屠杀的一个重要原因。

三 冬季战斗与谈和提议

第一军与大本营的对立

本书第三章曾提到,日军大本营的战争指导方针曾发生过从谋求短期决战的"作战大方针"向长期持久战构想的转变,尤其是在 8 月末出台过"冬季作战方针",并拟订了 1895 年春将陆军主力

---

① 伊藤博文『総理大臣旅順口事件善後策に関し訓令の件』、1894 年 12 月 15 日。

运往渤海湾北面的天津、山海关，以图展开"直隶决战"的计划。然而，随着9月中旬平壤战役、黄海海战的胜利，10月末鸭绿江渡江作战的成功，大本营的内部逐渐出现了"直隶决战或许可以在冬季提前进行"的构想。

另外，当时位于九连城的第一军司令官山县有朋在成功渡过鸭绿江，进占奉天街道（九连城—奉天）上的重要据点凤凰城并迫近大孤山军港之后，为了确保未来的作战据点而开始考虑积极行动。

他在11月3日给大本营拍去了电报，提议在寒冬来临之前，要亲率第一军将三个计划中的一个付诸实施。这三个计划是：自花园口附近乘船至山海关附近登陆，占领直隶作战的根据地；与开抵旅顺半岛的第二军会合；攻占奉天。

然而大本营却否决了山县有朋的提案，认为：在占领旅顺之前，鉴于位于威海卫的北洋舰队尚未完全歼灭，第一项计划不存在实现的可能；第二项与第三项计划与"作战大方针"有着明显的矛盾，且后勤与补给的问题将导致其实行困难。尤其是当时在大本营中负责作战与补给工作的川上操六、儿玉源太郎，考虑将第一军留作"直隶决战"之用，所以并不愿意让其节外生枝而使战力削弱，打算令该军在原地待命。

结果山县有朋在11月9日接到大本营的上述回答之后，于次日便召集第三师团长桂太郎、第五师团长野津道贯进行商讨，遵照命令明确了冬季按兵不动的方针。然而这并不意味着他完全放弃了此前的念头。11月16日，山县有朋再次提出了"令第一军沿海路进攻山海关"的第一项计划。大本营照例对此再次予以否决。于是该军的第三师团便开始了擅自行动：一面着手转入待机状态，一面在山县有朋的授意下以"确保大孤山部队安全"的名义谋划攻占腹地的岫岩，并于18日完成了占领。而该地正是从大孤山通往海城和盖平的交通要冲。

11月25日，山县有朋接到了大山岩率领第二军攻陷旅顺的消息，便立即做出进攻海城的决定。这是因为第一军向旅顺半岛进军时，第二军能够协助其缓解从盖平和海城方面而来的敌方压力。12月1日，第三师团接到了攻占海城的命令并向大本营做了报告。到了5日，山县有朋又向参谋总长拍电称自己将亲自指挥这场战斗。虽然大本营方面对此并不赞同，但鉴于"禁止其扫荡有害之敌将有过于干涉之嫌"，并没有下达停止行动的命令。而且大本营方面本身对于多次否决陆军元勋山县有朋的提案是存在顾虑的，也相信第三师团在打击过海城清军后将立即撤回岫岩和大孤山。但未料，桂太郎竟率该师团深入敌后孤军作战，并在补给将断的寒冬时节试图围困海城。故至此可以断言，山县有朋与桂太郎的行为已然超越了"独断专行"的层次，只能被评价为"违抗军令的失控"。

第一军司令官山县有朋的撤职

12月18日，第一军司令官山县有朋被撤职。次日，第五师团长野津道贯便接替了他的职务，而空缺出来的第五师团长一职则由奥保巩中将继任。在战争期间撤掉前线的重要指挥官，这无论在日本国内还是在国际社会上都是具有重大影响的特例。

实际上，当时山县有朋的身体一直不好，在登陆朝鲜后便染上了支气管和肠胃疾病，进入冬季后身体状态又进一步恶化。这情况连广岛的日军大本营也是知晓的。11月29日，明治天皇为了解山县有朋病情及战况报告发出敕谕命其返回广岛，故侍从武官中村觉大佐、山县有朋的好友内藏头①白根专一从广岛启程，赴大陆向其进行传达。12月8日，山县有朋在朝鲜北部的义州接到了明治天皇的敕谕，遂于次日出发归国。

在途经仁川时，山县有朋曾与好友、驻朝鲜公使井上馨见过一面。后者在12月13日向伊藤博文发去书函，对当时的场景做了汇报：山县有朋无法接受归国的命令，尤其对三次上奏作战计划时大本营的错误颇感不满，②再加上体力欠佳将会给身边将士的高扬斗志造成困扰，故如此下去山县有朋或将从陆军退役。如今的解决办法只有一个，即在其归国以后请明治天皇下达命令，让其在大本营担任辅佐参谋总长有栖川宫亲王的角色。③

同日，伊藤博文便就山县有朋归国后的职务加以研究并给井上馨回了信。可见作为藩阀核心人物的伊藤博文和井上馨当时对于陆军人事工作也是积极介入的。

12月18日，觐见明治天皇的山县有朋得到了"优诏"，被免去第一军司令官及枢密院议长的同时出任"监军"一职。这里所谓的"监军"，即是掌管陆军教育的职务，乃陆军教育总监的前身。到了20日，明治天皇再次下达了"优待元勋"的诏书。在日本历史上能够得到两次诏书的唯有山县有朋而已，可见其当时的确

---

① 内藏头为内务省内藏寮长官，掌皇室财产运营事务。——译者注
② 即指冬季作战时山县有朋提出的作战计划被大本营否决之事。
③ 井上馨「伊藤宛井上馨書簡」、1894年12月13日、『伊藤博文関係文書1』。

受到了破格待遇。

山县有朋的撤职虽然是打着"养病"的名义,但关于其实际理由却有两种说法。第一种说法,根据藤村道生的观点,由于山县有朋擅自发起了对海城的进攻,故大本营的参谋次长川上操六、第三师团长桂太郎等人都曾向伊藤博文提出申请,要求将其撤换。① 这是以往的通论。第二种说法,藤村道生的学生斋藤圣二认为自己的老师误解了历史事实,因为大本营当时考虑的是在冬季实施"直隶决战",所以认为拖着病躯的山县有朋"在严冬时节无法作为前线指挥官完成决战任务",即仍旧坚持了"患病导致撤职"的观点。②

在归国以后,山县有朋虽然出席了大本营的军事会议,但与主导战争的参谋次长川上操六却一直关系不好。1895年1月参谋总长有栖川宫亲王去世之后,伊藤博文与井上馨曾考虑让山县有朋接替。对此,川上操六与军令部长桦山资纪表示了强烈的反对,甚至以辞职相威胁。结果伊藤博文等人只得放弃这一打算,让小松宫彰仁亲王接任参谋总长,并让山县有朋担当陆军大臣一职。可以认为川上操六等人当时考虑的是,山县有朋并非皇族,若出任参谋总长或将干预作战,而作为无法直接参与作战指导的陆军大臣还是可以勉强接受的。③

从上述分析来看,显然从这两种说法来综合判断山县有朋被撤

---

① 藤村道生『日清戦争——東アジア近代史の転換点』岩波書店、1973。
② 斎藤聖二『日清戦争の軍事戦略』芙蓉書房、2003。
③ 参谋总长属参谋本部,负责军令(作战指挥等);陆军大臣属陆军省,负责军政(后勤工作等)。——译者注

职的原因是更为妥当的,即与大本营作战方针的龃龉对立和年老病躯难以指挥冬季的"直隶决战"。

第一军的海城攻占计划

12月1日,第一军司令部向第三师团长桂太郎下达了进攻海城的命令。因此第三师团在岫岩集结之后便于9日启程,经析木城在13日占领了海城。当时道路结冰,行军困难,却并未遇到清军的任何抵抗。不过,日军此后在防卫海城时却遭遇了一些问题。

清军宋庆部队的据点位于辽阳、鞍山车站、牛庄、大石桥和盖平等地,而海城恰位于这些据点的中间且远离日军第一军的补给据点大孤山与岫岩,所以仅靠第三师团的兵力是难以防守的。该师团虽然向上级提出过增派援军抑或是令第二军前进至盖平的请求,但第一军却拒绝了这一请求并下达指示称:若实在万不得已,可将师团的部分兵力留在海城,率主力退至析木城附近。

12月19日,进军牛庄的约9000人清军部队与第三师团的约4000人在缸瓦寨展开了激战。清军当时虽然拥有两倍以上的兵力,却难以招架日军山炮的强劲火力,最终败北。

但即便如此,第三师团仍旧遭受到了横渡鸭绿江以来的最大伤亡,有400多人死伤。并且在战斗结束后搬送死伤者的过程中,又有1000余名士兵被严寒冻伤。由于战斗中的死伤人数达到了全军总人数的10%,冻伤人数更是多达30%以上,该师团的战斗力被大幅削弱,已经难以投入到冬季的作战行动。尤其是部队中的军夫,因为没有御寒的衣物而伤亡惨重,其结果导致部队的补给能力显著下降。

曾被编入第三联队后备部队的军医渡边重纲，曾在1895年1月5日从安东前往鸭绿江口军港大冬沟的途中亲眼看见了军夫遭受冻伤而被解雇回国的场景。他描述称："脸上满是灰土，恼于手足冻伤而步履蹒跚，身上缠着破布，如清人般缠着毛皮头巾。"而顶替这些人的新军夫，则各自穿着稀奇古怪的服装，拿着武器。所以渡边当时在咏颂的短歌中索性将这些军夫形容为"夜行的百鬼"。① 从时间和地点来看，渡边重纲所描述的悲惨军夫极有可能是参加海城作战时罹患冻伤的第三师团军夫。

当时的日军大本营也曾为了避免往海城投入兵力而致第一军主力无法参加"直隶决战"，于12月29日下达了要求第三师团原地驻守海城的指示。同时命令第二军派遣一个旅团的兵力攻占盖平以为其提供策应，要求第一军司令官在1895年3月下旬把部队主力调往大连湾。在这一命令下，混成第一旅团遂于1895年1月10日占领了盖平，不过仍损失334人。

另外，清军曾在1月17日、1月22日、2月16日、2月21日先后向海城发起过四次进攻，并于2月17日攻击了析木城，但最终都被日军击退了。

辽河平原的战斗

接替山县有朋出任第一军司令官的野津道贯认为，在为筹备"直隶决战"向大连湾移动之前，有必要先将营口、田庄台、辽阳方面的约50000名清军击败，故在1月以后不断向大本营提出作战

---

① 渡边重纲『征清紀行』私家版、1896。

申请。可以认为其原因在于，第一军在辽阔的战场中时常遭到兵力庞大的清军攻击，所以他感觉主动反击或许能够积极地解除这种烦恼。

另外，日军大本营原本期望尽可能多地集中兵力展开决战，不愿意为了某些不必要的战斗而消耗兵力，所以对于这些申请最初表示了拒绝的态度。但他们终究无法彻底无视不断发来的作战要求，遂于2月6日给予了批准。

在此背景下，野津道贯开始下令：派立见尚文的混成第十旅团与后备步兵联队防守凤凰城等鸭绿江北岸的广阔地区，第一军下属的第三师团、第五师团主力与前来增援的第一师团在3月上旬之前对辽河平原实施扫荡作战，由此构建起"直隶决战"的准备态势。这一计划，使得日后混成第十旅团在广阔地区防守凤凰城的战斗中陷入了苦战。

2月24日，第一师团在营口南方的太平山与清军发生激烈交火，3月6日攻占了营口，但在此役中共有314人战死、4000余人严重冻伤。

几乎与此同时，第三师团自海城出动，于3月2日在鞍山车站附近与凤凰城方向开来的第五师团主力会合，并于两天后攻占了牛庄。他们与牛庄城内的清军残部展开了激烈的巷战，共计伤亡389人。

3月9日，第一、第三和第五师团合力对田庄台发起了攻击，当时的参战兵力多达19000人，配有火炮91门。在这场甲午战争最大规模的战斗中，日军仅遭受了160人的伤亡。但在此后，日军判断认为此地乃清军的补给基地，按第一军司令官的命令撤退之前将其付之一炬，犯下了野蛮的罪行。

这场在辽河平原的扫荡作战共动用了三个师团的大规模兵力，显然与日军大本营的初衷是相悖的。虽然它击败了清军，为山东作战与战后和谈提供了有利条件，但也造成了近1000人伤亡、约12000人冻伤的兵力消耗，将大本营的决战计划推向了困境。

在《马关条约》签订之后，明治天皇曾在京都对佐佐木高行说过如下一段话："我国士兵忠义英勇乃各国罕见之事，然亦有难以驾驭之感。"① 这显然是明治天皇亲临广岛时屡次体验到大本营与前线部队的矛盾冲突、后者惯于我行我素之后的真实感言。

与和谈密不可分的山东作战及提出占领台湾

在平壤战役与黄海海战之后的10月8日，英国方面曾以"各国保障朝鲜独立和中国支付赔款"为条件出面斡旋调停。当时的日本政府虽然拒绝了这一提议，但外务大臣陆奥宗光在此后仍旧对和谈条件进行了思考并向伊藤博文做了汇报。11月6日，美国方面也来探问和谈事宜，日本政府17日回复称：若清政府不主动提出和谈请求，则战争仍将继续下去。结果在11月22日旅顺陷落之后，清政府正式向日方提出了和谈请求。

尽管如此，日军大本营在攻占旅顺后仍致力于"直隶决战"的准备工作，并于11月29日向第一军、第二军、联合舰队司令部下达了战备的指示。当然，前线的指挥官对此却并不积极。正如前述，时任第一军司令官的山县有朋正在谋划海城作战，第二军司令官大山岩则打算在金州半岛原地休整，并与联合舰队司令官伊东祐

---

① 津田茂麿『明治聖上と臣高行』原書房、1970。

亨围绕威海卫进攻计划展开了商议。

另外，伊藤博文在12月4日曾向大本营方面递交过一份意见书，建议为应对和谈可暂中止渤海湾北岸的登陆计划，①转而实施威海卫作战与占领台湾。②结果大本营在五天后确认了进攻威海卫的方针，并再次对"直隶决战"做了延期处理。

日军对威海卫的攻击是在12月14日最终确定的。当时计划的是，除了已编入第二军负责旅顺周边警戒任务的混成第十二旅团外，第二师团和第六师团将参与此次作战行动。其中第二师团从仙台调至广岛后正处于待命状态，故其于1895年1月10日、11日分两批从宇品港出发并投入了战斗。而在福冈与熊本待命的第十一旅团，则是在小仓集结后于12日后逐次开往山东半岛的。

此外，第二军司令部在大连湾搭乘运输船，于1月19日开始向山东半岛突出部的荣城湾进发，在20~24日完成了登陆作业，驻扎旅顺和金州的其他日军部队则在26日实现了登陆。这些部队的兵力包括两个炮兵大队以及装备有口径9厘米臼炮的临时徒步炮兵大队。

北洋海军在威海卫战役中覆灭

1月20日，日军派出先遣队攻占了荣城并在登陆结束后自26日起向威海卫进发。其中第二师团、第六师团分别从南线与北线实施了推进。

---

① 此为"直隶决战"的准备作战。
② 伊藤博文『威海衞を衝き台湾を略すべきの方略』、1894年12月4日。

清军的威海卫要塞是耗时十余年构筑起来的，在战争爆发后还进一步得到了强化。其炮台包括北岸的11处与南岸的7处，刘公岛与日岛上也设有5处。当时拥有包括口径24厘米加农炮在内的大炮与机关炮共计161门。北洋舰队停泊于刘公岛南侧与威海卫之间的水域，布下了不少设施以防日本军舰尤其是鱼雷艇的袭扰。

在1月30日的攻击中，日军第十一旅团占领了南岸的炮台群，而作为主力的第二师团则攻陷了西面的北虎口高地，切断了清军守备部队的退路。在当天的战斗中，日方共有209人的死伤，其中包括被北洋海军火炮击中的第十一旅团长大寺安纯少将。

次日，第二师团便开始向北岸炮台发起进攻，并于2月2日前在未遭任何抵抗的情况下攻占了炮台与威海卫城区。虽然陆地上的炮台被悉数占领，但湾内的北洋海军与刘公岛、日岛的炮台仍在顽强反抗，向日军炮击。由于日本陆军的小口径野炮与山炮射程太短，他们只得利用夺占的炮台予以还击，但给清军造成的损失是微不足道的。

2月3日，日本的联合舰队开始实施炮击，并自5日起向湾内派出鱼雷艇，击沉了威远、来远等舰。① 刘公岛的守备部队据此向提督丁汝昌提议投降，但却遭到了拒绝。丁汝昌在给李鸿章的电报中写道："决心舰沉人尽而后已，然众心溃乱，今已无可奈何。"遂于11日服毒自尽。同时定远舰长刘步蟾、刘公岛陆军指挥官张文宣等人亦先后自杀。

---

① 原文包括定远舰，实际上定远舰为清军为避免资敌而自行炸毁。——译者注

在抵抗派军官自杀之后的2月12日，清军以丁汝昌的名义向联合舰队司令官伊东祐亨递交了投降书。14日，两军代表就清军的投降与清军陆海军的释放进行了谈判。17日，所有的清军士兵退出到了日军前哨线之外，带着丁汝昌的遗体和雇用的外国人搭乘康济号向芝罘（今烟台）撤去。

在战斗结束的同时，侵入山东的日军便炸毁了当地的大量军事设施。为了准备"直隶决战"，近40000名官兵、6000多匹战马于3月1日之前回到了大连湾，仅留下对马警备队作为刘公岛的守备部队，接受联合舰队的指挥。

在山东作战即将进入尾声时，日军大本营曾于2月20日将一个以后备步兵联队为基干组建的陆军混成支队（比志岛支队）配属给了联合舰队司令官，令其负责攻占台湾西面的澎湖列岛。此次占领行动是为了制造一个既成事实，以便在日后的和谈中向清政府提出割让台湾的要求。所以在这一命令下，联合舰队于3月1日从佐世保军港启航，23日以舰炮射击掩护混成支队完成了登陆，并于两天后占领了该地。虽然占领澎湖列岛的行动未蒙受太大的人员损失，但此后因为岛内大规模霍乱的流行，混成支队中的军夫死伤甚多。

另外，在中国内部，李鸿章因旅顺失陷而被剥夺了北洋陆军的统帅权，并于11月23日接受了"革职留任"的处分。两江总督刘坤一被任命为全权钦差大臣，负责对山海关以东的清军行使指挥权。

1895年1月23日，云贵总督王文韶代行北洋大臣的职务，并在此后兼任了直隶总督。由此，李鸿章失去了自1870年代以来一直拥有的北洋大臣之职，与北洋陆海军不再相关。但即便如此，他仍旧作为内阁大学士兼总理衙门大臣继续着政治生涯。

第五章　战争体验与"国民"的形成

本书在第一章至第四章先后对甲午战争的背景、日中两军出兵的契机、开战及战斗过程进行了论述，这些内容既属于历史学领域，也与政治学、外交学和军事学密不可分。但本章却与此略有不同，将主要从社会史的角度来展开考察，尤其将会涉及媒体的问题。即日本政府是如何借助媒体将当时与战事相关的情报传递给国民的；而后者在了解到战争情况后，又是如何逐渐萌生出"日本国民"这一共通意识的。

一　媒体与战争：报刊、新技术、随军记者

报刊记者奔赴朝鲜

在1850年代的克里米亚战争中，随军记者首次登上了历史舞台。日本的首批随军记者则是1874年"出兵台湾"时奔赴战场的《东京日日新闻》的岸田吟香和 *New York Tribune* 的特派员爱德华多·豪斯，还有摄影师松崎晋二同行。此外在1877年西南战争中，亦曾有《东京日日新闻》的福地源一郎和《邮便报知新闻》的犬养毅等人奔赴九州战场。

第五章 战争体验与"国民"的形成

至甲午战争爆发之时，随军记者的规模已日渐扩大。据《明治二十七八年战役统计》记载：战争期间，跟随陆军前往海外战地的记者有114名、摄影师4名、画工11名。日本国内的广岛、下关和长崎等地由于战事信息集中，作为通信据点具有重要地位，故各大报刊也向此三地派遣了记者。当时的《朝日新闻》《国民新闻》等热衷于战事报道的报社还曾向国内外派遣了十余名特派员。

当然，除了陆军之外，日本也有大量的海军随军记者。譬如《国民新闻》的国木田哲夫（独步）就曾跟随千代田号巡洋舰奔赴战场，并以书信的方式给同一报社的弟弟国木田收二发去了大量从军记事。这些记事此后在报纸上连载，得到了不少好评，进而又以《爱弟通信》的书名作为单行本上市发行。

如表5-1所示，当时在外作战的各军司令部、师团、混成旅团无一例外均配有随军记者。其中混成第九旅团的32名记者是最先抵达朝鲜的，他们受到了不少关注。为了对这些记者进行管理，日本先后制定了《报刊记者从军规则》（1894年8月中旬）、《内国报刊记者从军心得》（1894年8月30日）等规章制度。可以认为，当时身处朝鲜的记者数量实际上已经超过了《明治二十七八年战役统计》公布的数字。

表5-1 日军各部队随军记者统计

单位：人

所属部队	最初随军记者数	从其他部队转来数	合计随军记者数	其他
第一军司令部、兵站监部	9	4	13	画工3
第三师团司令部	2	13	15	

续表

所属部队	最初随军记者数	从其他部队转来数	合计随军记者数	其他
步兵第五旅团	2	2	4	
步兵第六旅团	0	1	1	
第五师团司令部	6	13	19	画工2
混成第九旅团	32	0	32	画工2
步兵第十旅团	1	1	2	
第二军司令部	13	4	17	画工5、摄影1
第一师团司令部	13	2	15	
步兵第一旅团	0	1	1	
步兵第二旅团	0	1	1	
第二师团司令部	4	7	11	画工1、摄影3
第六师团司令部	5	7	12	
征清大总督府	8	3	11	
近卫师团司令部	8	12	20	画工2、摄影1
第四师团司令部	7	1	8	画工1
步兵第八旅团	0	1	1	
混成支队	3	2	5	
台湾总督府	0	4	4	
所属不明	1	0	1	
合计	114	79	193	画工16、摄影5

资料来源：陆军省编『明治二十七八年戦役統計』下卷、1106、1107頁。

1894年6月2日，内阁会议决定派遣混成第九旅团出兵朝鲜。5日，休假归来的大鸟圭介公使便与外务省参事官本野一郎一起率领70名海军陆战队士兵、21名警察官搭乘八重山号巡洋舰至仁川

第五章 战争体验与"国民"的形成

登陆。当时《时事新报》的记者高见龟也搭乘了此舰。[①] 同时，《朝日新闻》亦派遣记者山本忠辅奔赴朝鲜。他于6月5日从东京出发，6日自大阪启航，9日登陆釜山，接着便赶往仁川。[②]

由上述事例可知，东京的各大报社均于6月5日决定向朝鲜派遣特派员。也恰在同一天，东条英教少佐携带着混成第九旅团的编制表奔赴广岛。但是，日本政府此时尚未发布正式的出兵公告，故向各报社下达了禁止公开相关报道的要求。各报社对此研究了一些对策，结果在6月10日大鸟圭介抵达汉城之际，从日本而来的首批记者也顺利到达了。

6月中旬，到达朝鲜的报刊记者日益增多。譬如名古屋的《扶桑新闻》曾派遣铃木经勋作为特派员前往朝鲜。他于6月12日从名古屋出发，乘列车至神户港，进而又改乘日本邮船"肥后丸"于17日到达了釜山，21日进入汉城。

铃木经勋在当时的报道中有这样的记载：共有23名特派员乘"肥后丸"开往朝鲜，众人于6月20日夜达成了"在取材上展开合作"的协议，随后便在船舱的军官室内与该船事务长、机关长展开交流并举行了一场联欢会。这23名特派员包括了《大阪朝日新闻》的西村天囚，《日本》的福本日南、樱田文吾，《国民新闻》的久保田米仙、久保田米斋父子等著名记者。[③]

根据《扶桑新闻》的报道，当时一触即发的朝鲜局势从6月

[①] 『時事新報』、1894年6月7日。
[②] 朝日新聞百年史編集委員会編『朝日新聞社史・明治編』朝日新聞社、1990。
[③] 「朝鮮特報 第五」『扶桑新聞』、1894年6月28日。

131

末到 7 月初逐渐走向了稳定，故期待战争爆发而远渡朝鲜的记者们开始变得不知所措起来。7 月 8 日，他们聚集于铃木经勋在汉城的宿舍，根据福本日南的提议商谈了"向牙山方面组织派遣侦察队"的事宜。然而此计划由于未获得朝鲜政府的护照而最终未能成行，记者们只得分头采取行动。当时参加这一活动的日本记者共有 29 名，此外还有 4 名身在仁川。① 这 23 名随军记者的集体照，被刊登在春阳堂 1894 年 12 月所发行的《战国写真画报》第五卷上，其中能够知晓姓名的有 21 人，且绝大多数均于 7 月 8 日聚集在铃木经勋的宿舍。

言论管制的强化

自 6 月 5 日开始，日本的各大报纸开始刊登有关朝鲜问题的报道。社论、论说均纷纷主张对清、对朝的强硬论乃至开战论，批判伊藤内阁的"软弱外交"并向朝鲜不断派遣特派员。当时的日本政府对此采取了一系列强硬措施，譬如停刊禁载、加强审查等。

在自由民权运动的影响下，民间一直存在着不少反政府的言论活动。故明治政府为与之对抗曾于 1875 年颁布了报纸条例及谗谤律，1883 年又修改了报纸条例以便加强管制，此后还在"报刊发行许可制"的基础上导入了保证金制度与"纳书制"。② 在日本统治阶层中，拥有停刊权力的是内务卿，而军事、外交相关报道的审查与禁止则交由陆军卿、海军卿负责。由此可见，早在甲午战争前

---

① 「朝鮮特報 第二八」『扶桑新聞』、1894 年 7 月 19 日。
② 此处的"纳书制"指事后审查制度。——译者注

第五章 战争体验与"国民"的形成

夕，日本政府就已经开始形成一套强有力的言论管制手段。在日本决定出兵朝鲜之后，这一系列的措施开始越发强化了起来。

6月7日，陆军省与海军省分别发布《第九号陆军省令》和《第三号海军省令》。根据报纸条例第22条的规定，各报社禁止刊载有关"军队、军舰之进退及军机军略事项"的内容。如此一来，在未得陆海军许可的情况下报刊便不再可能刊登军事报道了。

结果在1894年6月上旬至中旬的一段时间内，《东京日日新闻》《东京朝日新闻》《国民新闻》《日本》等主要报纸媒体均无一例外地遭到了"停刊"的处分。据统计，在当年因妨害治安而遭到处分的日本报社超过了140家。

战斗打响之后的7月31日，内务大臣、陆军大臣、海军大臣、外务大臣效仿"大津事件"[①]中的做法进一步强化了言论管制，还曾联名向内阁提出了一项要求：为进一步强化管制，有必要对有关军事、外交的报道草稿展开审查并为此制定相关敕令。

他们之所以要求对草稿实施审查，乃是因为7月29日的《万朝报》号外及《大阪每日新闻》报道称："日军于23日攻打朝鲜王宫时以武力胁迫了大院君，且混成第九旅团攻击王宫实乃事先之筹划。"故其制定敕令的目的显然是企图清除一切对日本不利的事实报道。结果，经枢密院审议的《第134号敕令》于8月1日公布，正式为草稿的审查做出了明文规定。

为实行审查，内务大臣还于8月2日发布了《审查内规》，其中记载了有关陆军、海军、外交领域的"禁止"事项。东京方面

[①] 1891年由津田三藏警官所策划的俄国皇太子刺杀事件。——译者注

的相关审查直接交由内务省实行,其他府县则由府县厅负责实施。然而,该审查一旦实施起来不但工作量空前巨大,且由于负责人及地区的不同,审查标准也是纷繁复杂,甚至有些报刊会因转载了政府《官报》的报道而遭受处分。再加上不平等条约之下无法审查外国人居住地区的外文报纸,这导致政府方面千方百计试图隐匿的机密情报有时会被公开发表在这类报纸之上。

国民对战争的支持及战争信息的公开

审查持续了一个多月后,民众支持战争的风气日渐高涨,因此这项费时费力的审查工作在此后逐渐失去了存在的必要。9月2日,审查宣告停止,以往的报纸条例得以恢复,但此时的《审查内规》仍要求报社与记者在报道过程中实行自我管制。

显然,仅靠隐匿信息是无法得到舆论与民众支持的。9月16日,占领平壤的消息传至广岛大本营后,川上操六和桦山资纪便于次日与伊藤博文等人展开商议,同意将不妨碍陆海军行动的战地情报布告于广岛县的检察厅,并允许事先注册的报社誊写、刊载。换言之,此时的日军大本营实际上相当于设立了记者俱乐部之类的组织。同时在《官报》上还特设了"战报"一栏,用以专门刊登战事信息。

自西南战争以来,日本政府便对舆论实施了"大规模战时管制的同时,主动提供相关情报"的方针。然而在甲午战争时期,尤其是自第五次和第六次议会以来,民间舆论屡屡发出批判政府的言论,与伊藤内阁的对立已势如水火。因此从出兵到开战伊始,即6月至9月上旬,政府方面率先对报纸实施了审查、停刊等严厉管制。9月中旬平壤、黄海大捷的消息传至日本本土，在意识到战况对自身有利后，政府才开始积极地公开战事信息。

9月下旬以后，那些被派往战地与广岛的特派员开始大量传回大本营发表的信息和从战地发回的情报。这些信息与情报的数量之大，就连当时4页或6页的报纸版面都无法容纳，所以各报社只得采取增页或发行号外的措施来予以应对。

另外，有些地方报纸只能派遣少量的特派员或根本无力派遣，所以只好通过转载《官报》及有影响力报刊的报道来传达战报。可以说，日本中央与地方在接收战报的过程中虽然存在着时间差，但通过报纸，全国读者逐渐了解到了有关战争的信息。

新技术的引入与《朝日新闻》的战略

《朝日新闻》是甲午战争中最为成功、发行量急剧攀升的报纸之一。

它原本是1879年在大阪创刊的"小报"。[①] 创始之初，其文体通俗易懂且标注假名，凭借刊登闲谈记闻、连载插画小说而得以发展。在此后不断扩大发行的过程中，《朝日新闻》开始致力于政治、经济等新闻的报道，态度中立。1888年，该报收购了《觉醒新闻》，进军东京。

随后，大阪版的《朝日新闻》改称《大阪朝日新闻》（以下简称《大朝》），而东京版的《朝日新闻》则称为《东京朝日新闻》（以下简称《东朝》）。两份报刊虽然在版面上有所不同，但运营资

---

① 当时面向庶民的小型报纸。

本却完全一致，也经常会刊登相同的报道。

1890年开设国会之际，为了提升印刷能力，《东朝》曾率先引入了马里诺尼（Marinoni）滚筒印刷机，令同行大为惊叹。两年后，《大朝》也开始正式使用该机器印刷。

1893年，《大朝》正式聘请高桥健三为客座撰稿人，实为主笔。此人原为政府的内阁书记官长，也是个国粹主义者。正是得益于他的高水平言论，《大朝》在当时的日本政界与舆论界声名大振，同时也迎来了一大批与高桥健三有关系的人才。

《朝日新闻》热衷于引进新技术，这一点从其最先引入马里诺尼滚筒印刷机便可知晓。1888年7月15日，福岛县的会津磐梯山火山喷发，导致近500人死亡。为此，《东朝》曾派出记者古屋次郎，并委托专门从事西洋绘画、西洋木刻制作的生巧馆画家山本芳翠赶往现场。当时山本芳翠直接在木板上绘制了火山喷发的惨状，并将其交由生巧馆馆主雕刻。至8月1日，《磐梯山喷火图》作为该报附录发行，其栩栩如生之态立刻引起了巨大反响。

不过，在此事之前早已存在将图片刊于报纸的先例。1893年，小川一真前往美国芝加哥出席芝加哥哥伦布纪念博览会时曾购买了一台"相片铜版制造机"。因此，在甲午战争爆发之前，《东朝》就已经用整个附录刊载过汉城的市容和朝鲜士兵的照片。

甲午战争爆发后，《东朝》还曾在8月4日的附录刊载过《清国北洋舰队靖远号之图》，在8月10日附录刊登了山本芳翠的木版画《朝鲜丰岛海战之图》。但在此之后，无论是《大朝》还是《东朝》却都不再以相片版或木刻向读者提供有关战事的图片了。

其原因之一是因为新型印刷机与网目铜版难以协调，用滚筒机

第五章 战争体验与"国民"的形成

印刷的报纸难以直接印刷照片，所以用网目铜版印刷的照片与木刻只能用印刷速度较慢的平台印刷机单独印刷并另行附录。直至十年后的日俄战争，战场的照片才能直接用滚筒机印于报上。

在甲午战争中，《朝日新闻》费钱费时地向民众提供了照片，并把随军记者与广岛方面的大量战报以活字印刷的方式快速向民众进行了传播。为了处理这些大规模的信息，《朝日新闻》曾积极致力于号外发行与版面扩大，[1] 同时还附上了简单的图片。

在整个1894年里，《大朝》发行号外的次数共计66次。次年更是达到了80次。由于在日本关西地区，号外是与报纸本体分开配送的，所以其实质上意味着免费的增页。在这场甲午战争的"号外之战"中，《大朝》显然脱颖而出，在近畿地区迅速形成了垄断。

《朝日新闻》的取材机制

那么在甲午战争时期，《朝日新闻》采取了怎样的取材机制呢？

在1894年6月初《东朝》首次派出记者山本忠辅前往朝鲜之后，《大朝》亦派出了西村时彦（天囚）、西村时辅兄弟两人至朝鲜和下关取材。

此后，报社方面也在不断增加特派员。9月19日，《大朝》发表通告称：朝鲜已有4名特派员，分别为西村时辅（汉城）、小川定明（向北进军）、青山好惠（仁川）、天野皎（釜山）。除此之外，报社还计划派遣西村天囚、横泽次郎、横川勇次三人跟随军队进入中国；日本国内还将有若松永胤、铃木严至广岛，福田磋次郎

---

[1] 譬如将版面从通常的6页增加为8页等。

至下关。开战伊始,西村天囚曾跟随日军经历过成欢之战,短暂回国后又再度外出取材。此时报社之所以在下关安置特派员,是因为从朝鲜、中国等战地通过船运发回的信息需从下关传至大阪或东京。

在国外患病的记者也是非常多的。譬如跟随第五师团前往平壤的小川定明曾身患痢疾。他忍受着腹泻与高烧抵达平壤后,除连载的《从军日记》之外还投稿了《平壤大捷》。① 此报道描述了日军占领平壤的情形,内容庞大,甚至超过了一页篇幅。另外,西村时辅虽在汉城撰写了《甲午战记》等报道,却在12月3日因伤寒和心脏病突发去世。

战后的1895年12月10日,东京筑地的本愿寺曾举办过"随军死亡记者追悼会",以告慰在战争中包括西村时辅在内的9名离世记者。

1894年10~11月,甲午战争的战场从朝鲜转移到了中国境内。由此,横泽次郎、小林环跟随第一军,山本忠辅、天野皎跟随第二军进入中国。其中,第二军是从宇品港经海路直接登陆辽东半岛的。

跟随日本海军的横川勇次,当时报道过日军攻占辽东半岛的战役和威海卫战役。尤其在攻占威海卫时,他曾登上鱼雷艇亲身经历了在夜间偷袭北洋舰队残存舰只的战斗。横川勇次在随后的报道中生动再现了战况,令日本读者大为惊叹。这些报道是由特派员通过邮件的形式传回日本本土,并连日在报纸和

---

① 『大阪朝日新聞』1894年10月8日。

第五章 战争体验与"国民"的形成

号外上刊载的。

在和谈开始以后,《朝日新闻》还曾要求广岛的福田磋次郎转赴下关,负责一般的新闻记事;同时派遣高桥健三、西村天囚前往该地专门负责搜集谈判的详细事宜。然而由于日本政府当时奉行"完全秘密主义"政策,条约谈判的具体经过、三国干涉还辽等事宜的详细情况无法公之于众,报社只能依靠揣测、引用外文报刊来完成相关报道。

那么,上述战事报道究竟给《朝日新闻》带来了什么?若对其进行归纳则可发现:首先,报刊的发行量大幅增加。单就《大朝》而言,平均一天的发行量在 1893 年下半年为 75000 多份,1894 年上半年为 93000 多份,同年下半年达到每天 117000 多份。《东朝》的发行量也在逐步上升,1894 年上半年每天发行量为 76000 多份。两报合计,1894 年上半年每天发行的总量接近 170000 份,下半年达到了每天 200000 份,位列全日本第一。

发行量的增加,显然意味着报纸销售价格、广告费用的上涨。但与此同时,报社的经费与成本也在不断增加。增页与号外的大量发行导致了纸张消费的剧增。譬如《朝日新闻》所用纸张来自"王子制纸",在开战之际该公司就曾提出过上涨纸价的要求。除此之外,报社还需要承担派遣特派员的经费,以及从下关、广岛发送长文电报的高额通信费。

由此看来,当时唯有实力强大的报社才有可能承担起战事报道的巨额成本。《朝日新闻》经过合理经营、提高售价取得了极大的收益。从此意义而言,该报确为胜者之一。

高级报纸：《时事新报》的战争报道

《朝日新闻》在战争期间采取的报道并非以插图为主，而是着力将随军记者发回的大量信息以铅字的形式展现在报纸之上。但当时也有不少影响力较大的报纸曾使用过"格拉菲媒体"，即派遣随军画家，在报纸上刊载大量插画。

照片是甲午战争期间最为先进的图像技术，它的感光材料一般是玻璃干板。在1880年代，除了沉重易碎的玻璃之外，薄膜胶片和胶卷相继发明。它们是在赛璐珞和纸上涂上感光乳剂后制成的。所以当时被广泛使用的是这些玻璃干板、薄膜胶片与胶卷。

当时照片欲确保最佳拍摄，必须处于静止的状态，故动态的战斗画面是很难拍好的。根据美术史家木下直之的见解，甲午战争期间以传统形式描绘战斗场面的"锦绘"① 曾与战场的静态照片形成互补，并在两者之间加上了随军画家的写实性战争画。②

在这些随军的西洋画画家中，小山正太郎、浅井忠、黑田清辉、山本芳翠等人是最为知名的。小山正太郎为描绘全景馆所需的战斗场面曾随第五师团奔赴平壤，而另外三人则跟随大山岩的第二军开赴辽东半岛，亲身经历了金州、旅顺战役。此外，受英国画报 *The Graphic* 委托，讽刺画画家乔治斯·毕格（Georges F. Bigot）还曾从朝鲜赶往金州，一面用随身的相机进行拍摄，一面绘制素描。他的素描与文章均刊登在《画片报》上。

---

① 即用彩色绘制的日本浮世绘。——译者注
② 木下直之『写真画論 – 写真と絵画の結婚』岩波書店、1996。

第五章 战争体验与"国民"的形成

在上述画家中，受雇于《时事新报》的浅井忠还曾接到过其他日本报社的邀请。这里讲的《时事新报》，正是由福泽谕吉经营的刊物。它原本以经济报道为特色，但在日本出兵朝鲜后开始热衷鼓吹对清、对朝的强硬论。开战以后，该报还积极募集了所谓的"表诚义援金"，即在从事战事报道的同时，对战争进行后援。

《时事新报》虽然在当时引进了滚筒机进行印刷，但主要仍是刊载带有插图的内容。譬如金泉一瓢的讽刺画、漫画等。该报在6月14日的漫谈《白犬与黑犬》中，还曾插入过这样一幅漫画：出兵朝鲜的清军未备粮草便大肆入境，结果导致整个朝鲜被其吃空。从6月16日至28日，该报社还分八回连载了带有插图的《明治十七年京城之乱》，批判了甲申政变时清军与朝鲜人对日本人的蛮横粗暴，以此煽动日军的敌忾之心。

浅井忠与画报队

1894年9月13日，明治天皇从东京出发前往广岛。《时事新报》同日便在公告中提出：平壤之战在即，《时事新报》的特派员石川信将留居汉城，间利子五郎、杉几太郎和高见龟将跟随军队开入平壤。同时为了刊登《战况画报》，报社还组织了画报队，由浅井忠和安西直藏负责绘画，浅井魁一负责拍摄。

浅井忠原为佐仓藩士，曾在工部美术学校师从安东尼奥·丰塔内西（Antonio Fontanesi）学习西洋画，[①] 后创立明治美术会。浅井魁一是其堂兄弟，安西直藏则是在赴美留学后师从小山正太郎。

---

① 在安东尼奥·丰塔内西回国后，他便退学了。

9月11日，浅井忠、安西直藏和浅井魁一从东京出发前往朝鲜，对平壤战斗进行取材后又在辽东半岛的花园口登陆。据说，此时安西直藏已不在画报队中，唯有浅井忠和浅井魁一亲眼看见了日军攻击金州与旅顺的情形。此外，正是在日军登陆花园口之后，跟随第二军的《时事新报》特派员堀井卯之助写下了从军记。

画报队的图片是在9月26日首次得到刊载的，名为《操江号俘虏：由宇品护送至松山之图》，[①] 其情形均系画报队在广岛、宇品港亲眼所见。《时事新报》共刊载了35张图片，其中关于朝鲜的图片19张，关于中国东北的图片15张。后者的时间跨度从花园口登陆直至旅顺战斗。

同时，浅井魁一还编纂过《甲午战争从军相册》，现存于高石市政府和靖国神社偕行文库。前川公秀在调查了该相册后指出，实际上当时《时事新报》刊载的画报队插画中，有一部分是根据浅井忠的画作和浅井魁一的相片制成的。[②]

在12月6日的《战后旅顺惨状》之后，画报队的图片便戛然而止了。浅井虽在其素描《从征画稿》中描绘过从旅顺返回金州途中的所见所闻，比如《旅顺败兵冻死于金州湾》等，但这些绘画都未最终刊登在报纸上。

其原因或许在于，《时事新报》在此期间正忙于否定海外媒体报道的旅顺大屠杀事件。其在12月14日的社论《旅顺大屠杀实乃无稽之谈》中声称：日军从未屠杀百姓，被屠杀的不过是脱下军

---

① 据称内容均系该画报队成员亲眼所见。
② 佐倉市史編纂委員会編『佐倉市史研究』24号、佐倉市出版、1983。

装的清军，甚至还鼓吹今后面对乔装的清军仍应毫不留情地就地处决。因此可以推断，画报队有关揭露旅顺大屠杀的素描与照片因为与《时事新报》的言论显得格格不入，所以才会被暂停刊载。

但是，《时事新报》似乎并未停止刊载西洋画画家的插画。在此后的条约谈判期间，日军曾打算出兵占领澎湖列岛，该报当时派出了画报员高岛信跟随比志高部队出征。

《国民新闻》与日本画画家久保田米仙父子

甲午战争中除了西洋画画家之外也有随军的日本画画家，譬如德富苏峰经营的《国民新闻》就曾派遣久保田米仙与其儿子久保田米斋、久保田金仙随军取材。

德富苏峰因杂志《国民之友》而小有成就。他当时密切关注英国评论家的新动向，提供社会新闻以满足大众的多样需求，同时在报刊中插入大量图片，并秉持着"政论本位主义"的风格。其目标在于为"中等民族"办好中立性报纸。日本画画家久保田米仙甚至曾称赞他的这个蓝图乃"天下第一"。故《国民新闻》创刊之初，德富苏峰就聘请久保田米仙为报社职员。

久保田米仙生于京都，是一位日本画画家。不过他在京都时曾参与编辑《我乐多珍宝》（1879年创刊），绘制了西洋风格的漫画。1889年，他自费前往巴黎参观世界博览会，并向《京都日报》寄去了一份附有插图的见闻记，名为"巴黎随见录"。进入《国民新闻》后，久保田米仙又报道了1893年在美国芝加哥举办的哥伦布纪念博览会。

久保田米仙从年少起就一直关注西洋画所具有的写实性。在两次海外旅行中，他逐渐加深了对西方美术的了解，同时在古代典章制度研究与日本画方面也堪称先驱。德富苏峰曾评价他：日本画乃日西合璧，颇具写实风格，新闻经验丰富。

久保田米仙怀着极大的热情，模仿"后三年之役时期的画卷……平治的书画、来自蒙古的书画"，绘制了战地"写生画"以期传于后世（均收录于《米仙自传》《米仙画谈》）。至于他及其子久保田米斋、久保田金仙的随军日程，则如下文所示。

1894年6月12日，久保田米仙、久保田米斋从东京出发，21日到达仁川，随即前往汉城。7月下旬，久保田米仙暂时回国。在此期间，日军占领了朝鲜王宫、与清军展开了牙山之战，两事件的取材由久保田米斋负责。8月中旬，久保田米仙与《国民新闻》随军记者阿部充实一道再赴朝鲜，就平壤之战进行取材，并于10月回到广岛。之后，受参谋次长川上操六邀请，久保田米仙到日军大本营，专门在明治天皇面前即兴作画，绘制鲷、鹰、虎、鹤。

《国民新闻》曾在10月31日的报纸首页刊载过题为《天皇御览国民新闻特派员画作》的内容，并在1895年元旦的附录中发出了明治天皇御览画作的多色印刷缩略图，可谓在自身宣传上煞费苦心。而久保田米仙的另一子久保田金仙则隶属于第二军司令部，曾尾随金州与旅顺的作战部队、山东作战部队进行取材，最终在广岛待命期间因病卧床，由其兄长久保田米斋代为随军。

6月14日至8月2日，《国民新闻》曾以久保田米仙之名刊载了一系列画报——《米仙入韩画报》《米仙朝鲜京城画报》《米仙画报》。这些画虽全部冠以久保田米仙之名，但从上述分析来看，不乏久保田米斋的画作混入其中。在久保田米仙暂时回国期间，久

第五章 战争体验与"国民"的形成

保田米斋曾于8月、9月上旬先后补充了《京城画报》《从军画报》等作品。此后久保田米仙再度随军前往平壤,并在9月12日至11月6日创作了《米仙从军画报》,其中就包括了著名的平壤战斗图。跟随第二军的久保田金仙创作的《金仙从军画报》(11月9日至12月末),与山东作战有关的《米仙画报》(1895年2月9日至3月下旬)也在此后接连刊登。

久保田米仙父子的随军记到此接近尾声。从1894年6月上旬混成第九旅团第一次运输部队抵达朝鲜至次年山东作战为止,《国民新闻》未曾间断地让久保田米仙父子三人随军取材,刊登了大量有关战争的图片,这一成绩可以说是其他报社所无法比肩的。

照片与绘画的差异

那么,久保田米仙父子的作品究竟描绘了什么,又想向读者传达什么呢?以久保田米仙之名所刊载的《米仙入韩画报》《米仙朝鲜京城画报》《米仙画报》共有149幅,其中描写战斗场面的仅13幅而已(占9%),另有行军、野营、战场后方情景等广义上属于军事行动的作品52幅(占35%),描绘名胜古迹、建筑、风土人情的图片79幅(占53%)。[1]

无论是随军画家还是摄影师,他们都没有亲身奔赴沙场,而是在后方或远处观摩战斗场景。就当时的技术而言,摄影师是无法近距离拍摄动态战斗场面的,能够做到的只有在拍摄后期重建当时的

---

[1] 福永知代「久保田米僊の画業に関する基礎的研究(2)久保田米僊と日清戦争——『国民新聞』におけるルポルタージュを中心に」『お茶の水女子大学人文科学紀要』57号、2004。

情景，这也就是所谓的"虚构照片"。

另外，画家在描绘战斗场景时皆是以事后信息为依据再现当时之景。因此，日本画近似于说明性的锦绘，带有时间与动态情景的烙印。在描绘战场风景与名胜古迹时，画作颇似照片，但却能更鲜明地突出细节，添加说明性的要素。

《国民新闻》之所以让画家随军，原因在于其不愿刊登在国内便可收集信息创作的图画，而是更期待刊载唯有在战场上才可目睹的"朝鲜满洲之景"，敌国士兵、当地百姓之态，战后满目荒凉的风貌。久保田米仙父子弥补了当时摄影技术的不足，甚至可被称为"人肉相机"。比起当时的西洋画，报纸读者更愿意接受日西合璧的写实性日本画。

久保田米仙父子的作品不仅作为《国民新闻》的插画使用，而且也曾被制成大开本的增刊附录。此外，民友社的《日清军纪》除收录特派员稿件外，也大量使用其作品作为插画。

久保田米仙父子在离开民友社之后，还曾独立发行过一系列的《日清战斗画报》，共计11册，另在同家书店销售了"印有一张彩色奉书大开本的战斗图"。他们甚至还在此后受邀专门绘制了一幅以甲午战争为主题的日本画。

川崎三郎《日清战史》全七卷

除了上述报纸的形式之外，当时的战事报道还借助杂志、锦绘、石版画或照片等各类媒体来传递战争与战地信息。在进行战事的同时，日本政府也表彰、告慰了死去的军人。这场近代以来的第一次对外战争结束之后，各地还开始以各种各样的形式纪念参与战事的士兵，表彰他们的功绩。

譬如：授予参战士兵勋章和从军章；建立胜利纪念碑和从军纪念碑；为战死军人建造陵墓及慰灵设施；发行从军者名簿；等等。而且，日本还希望撰写一部甲午战争的通史，并在这部通史中写明了如下几点：（1）战争的原因及各战斗之战况；（2）参战军人在战斗中所起的作用；（3）战争的结果与教训。

古代日本曾在中国的影响下编纂正史，在戊辰战争中取胜的明治政府编纂过一系列以《复古记》为首的有关戊辰战争、维新史的书籍，继水户藩的《大日本史》之后又编纂了《大日本编年史》，甚至为此书专门设立过国家机关。在 1877 年西南战争爆发后，负责国史编纂的太政官修史馆又开始编纂《征西始末》，但完成的稿本并未对外发行，只有关于陆海军部局史的战史内容得以出版。但在甲午战争期间，日本政府却并未统一组织过战史的编纂工作。直到十年后的日俄战争，才终于公开出版了陆海军的部局史，即《明治二十七八年日清战史》及《廿七八年海战史》。

与政府不同，当时日本的民间却展开了一系列战史编纂活动。其中最为成功的是七卷本《日清战史》，由川崎三郎（紫山）撰写，1896~1897 年由博文馆出版。该书每卷及正文均在 300 页以上，封面图片有十多页，均是用网目铜版印刷的人物肖像、军舰、战场图和地图。其正文又分两段，上段是用小号字印刷的相关资料及战斗批评，下段是川崎本人写作的甲午战史。仅这一部分，每页能写四百字的稿纸就达 2500 多张。

川崎的身份也是无法忽略的：他是当时有名的评论家兼史论家，1864 年出生于日本水户，少年时期曾在私塾"自强社"求学，

1880年左右到东京，在大藏省短暂工作一段时间后便投身于新闻界。继而又参与了新兴出版社巨头"博文馆"的出版活动，写下了《万国历史全书》《世界百杰传》《日本百杰传》等系列书籍。因其一人执笔写下过《戊辰战史》《西南战史》等重要著作，故在当时作为年轻史论家而名声大振。此外，川崎三郎还是一位亚洲主义者，宣扬所谓的"东洋经纶"，一直在渡边国武①的庇护下进行活动。

中日两国开战之前，川崎三郎是《中央新闻》②的记者，也是"新闻记者同盟"的领导人。该同盟致力于批判第二次伊藤内阁，故可以说川崎三郎是"对外强硬派"的重要一员。1894年6月后战争一触即发，川崎三郎曾为此撰写过一份名为《朝鲜革新对策：日清开战论》的小册子，主张对清开战与由"朝鲜保护国化"所引发的内政改革论。在开战后他跟随第一军司令部前往朝鲜，却在抵达平壤时身患重病。故在此之后，他再也没能以随军记者的身份活跃于新闻界。

川崎三郎曾以"对俄合作论"为核心发表过外交言论，所以"三国干涉还辽"事件使其备受打击。此后他专心于《日清战史》的撰写，以期告知国民战争的真相：日本虽在战争中获胜，却未能达成目的，这实际上是一场失败的战争。川崎三郎试图借此唤醒国民的"觉醒之念"。

在《日清战史》的序文中，川崎三郎曾写道：从开战之日起便有编写日清战史之志，但收集资料花费了大量时间，时至今日才终

---

① 渡边国武（1846~1919）曾任日本大藏省官员，1892年出任第二次伊藤内阁大藏大臣。——译者注
② 当时由国民协会议员大冈育造所创办经营的报纸。

于完成。由于在此书发行之前，春阳堂已出版了由他执笔的《日清海战史》（1895年12月）和《日清陆战史》（1896年6月），故可认为《日清战史》必定参照过这两本书及其参考资料。此外，该书也极有可能借用了博文馆杂志《日清战争实记》中的相关照片与报道。

《日清战争实记》于1894年8月创刊，每月发行三回，定价八钱，版式为"菊版"，共发行过五十期，平均每期实际销售量约65000册，可以说是当时的畅销杂志。这份杂志的不少封面图片均有四页到五页，正文有一百多页。所有的五十期中包含了近七百张肖像照片。

春阳堂的《日清海战史》《日清陆战史》仅限于对战斗历史的描述，《日清战争实记》主要传达战事信息，而《日清战史》则是一部综合史。其以如下结构展开了详细阐述：总论、陆战及海战经过、开战外交及终战外交、战争及国际法、台湾战争。仅从此点来看《日清战史》就具有不同的性质。而且，川崎还曾在此书中严厉批判了第二次伊藤内阁的对朝政策和整体外交政策，这一点也是极为重要的。

由于当时类似的书籍并不多，《日清战史》在此后还不断再版，极大地影响了读者的甲午战争观。其原因或许在于：日本虽然取胜，但对主导战争的藩阀势力之批判却未曾停歇。

二 地方与战争

义勇兵与军夫

甲午战争是近代日本首次与外国的全面战争，那么这场战争给日本各地带来了怎样的影响,各地又是如何看待这场战争的呢?在本节,笔者将通过前面提到的仙台(第二师团所在地)、名古屋(第三师团所在地)等地的具体事例来展开详细论述。

日本刚出兵朝鲜时,"对外强硬派"与民间评论家就曾大肆鼓吹对朝、对中的强硬论,并猛烈批评第二次伊藤内阁的软弱外交。当时的日本民众大多对朝鲜问题漠不关心,只有很少的一部分人热衷于此。同时政府也对行动严格保密,未曾呼吁民众支援战争。

在此情况之下,日本各地从1894年6月下旬开始掀起了一场所谓的义勇兵运动。这些义勇兵全都是自发参与、协助战争的,其各类行动成功地在民间营造出了战争的氛围。具体来说,这场运动就是组织民众构建非正规军队,让其自发地参与对清战争。而政府的方针则是基于征兵制组织正规军队与清军交战,故与此运动存在着矛盾。

在甲午战争期间曾参与组织过义勇兵的包括:旧士族、以剑道场为中心的国粹主义剑客集团、民权派、侠客与赌徒等,也有这些势力相互配合成立的义勇兵组织。他们的行动虽然可以被认为是民众自下而上的民族主义的显现,但当时的日本政府却无法容忍此类自发行为,并在宣战诏书公布后的8月7日出台了《关于义勇兵的诏书》,对其明令禁止。

出兵朝鲜的情报传到仙台后,该地曾开展过两场义勇兵运动。一场的发起者是以关震六为中心的仙台义勇同盟,另一场的发起者则是以细谷直英为首的仙台义团。

关震六与细谷直英都曾是仙台藩士,后者相对年长。在戊辰战争中,细谷直英曾集结赌徒组织过冲击队(鸦组),令政府军大为头疼。此后他又相继担任了北海道开拓使、磐前县公务员等职。政

第五章　战争体验与"国民"的形成

府在西南战争期间招募警卫队时，细谷直英的人生轨迹便开始与关震六交会。

当时，在警视局工作的旧仙台藩士横尾东作[1]、中川操吉、樋渡正郎等人具体负责在仙台招募警卫队的工作，有大量旧仙台藩士积极应征。由于中川操吉与樋渡正郎是正教会教徒，而在旧仙台藩士中正教会的势力又日渐扩大，不少人参与了警卫队的应征，故受到世人的广泛关注。关震六在当时也皈依了正教会，所以此后与细谷一同加入了警卫队并转战九州。

从九州归来以后，细谷成了县厅公务员，而关震六则参加了民权派组织的鹤鸣社。1882年朝鲜爆发"壬午军乱"时日本全国掀起了义勇兵运动，当时的仙台也开始积极策划此事。结果关震六与细谷直英又再次投身其中。

到了甲午战争时期，以仙台义勇同盟、仙台义团为主力的义勇兵运动便自然地应运而生了。其领导人正是关震六与细谷直英：前者组织的仙台义勇同盟主要由旧士族阶层与民权派构成；而后者发起的仙台义团则是以旧仙台藩士沼泽与三郎领导的宫城击剑社为主体的。抑或说，该团体由旧士族阶层与剑客集团共同构成。当然在剑客集团中也可能存在着侠客。

除仙台以外，宫城县在幕府时期分封出去的各个"城下町"当时都开展过义勇兵运动。其运动的主体是旧士族阶层，也有其他阶层的参与。各地借鉴了旧仙台藩时代与戊辰战争的历史经验，组织了各式各样的义勇兵运动。故可以认为，以对外战争为契机，义

---

[1] 幕末时曾参与过仙台藩组织的洋式军队"额兵队"，并在函馆与政府军作战。

勇兵运动对漠不关心时局的人们造成了极大的影响，促使日本的民族主义开始向国家民族主义发展。而且不仅是宫城县，在历史经验的影响之下，日本全国各地亦出现了此类倾向。

除尚不明确的秋田、青森之外，当时包括福岛、岩手、山形、宫城在内的东北各地都发起过支持战争的行动。尤其是第二师团，曾为了补充严重不足的辎重运输兵，委托各县厅招募过军夫。其具体数量如下：宫城、福岛各2500名，岩手、山形各1400名。此外，该师团还计划招募照料马匹的民工1000名。但由于日本东北地区没有大城市，短时间内难以招募大量劳动力，故开展义勇兵运动的团体、军事援助团体（例如，山形市的山形义勇团）和政府行政机关又开始谋求相互合作，共同提供帮助。当时军夫集团的领导人是由县厅公务员、义勇兵运动、军事援助团体相关人员担任的，被称为"千人长""百人长"。另外，县厅还曾通过各郡行政机关命令各个市、町、村招募军夫，故其最低级的领导者"二十人长"有时就由当地的领导人物来出任。

事实上，义勇军运动为前线输送军夫的事例是屡见不鲜的。譬如作为日本全国最大的自由党地方组织，神奈川县青年会就曾开展过义勇兵运动，并在禁止义勇兵的诏书出台后转而从事输送军夫的工作。其中最先将此行动付诸实践的，是为第一师团服务的"三多摩壮士"领导人森久保所藏的"玉组"。估计若在各地挖掘此类事例，必当不胜枚举。

招募军夫

与战事情报极为丰富的城市不同，作为当时身处情报相对稀少的偏远地区的民众来说，直至动员军队、军夫的事情出现之后，他们才真正感觉到战争原来近在身旁。

就仙台而言，1894年7月末，第二师团参谋长大久保春野大佐曾委托宫城和福岛两地的军事负责人招募军夫以备师团的出征。宫城县厅将此任务分配给了各个郡市，而仙台市市长远藤庸治则选择委托细谷直英等人的仙台义团来招募军夫。

当时由于义勇兵运动如火如荼，日本国内亦因日军在朝捷报频传而舆论沸腾，故招募军夫的工作进展得十分顺利。8月6日起，应征的军夫便开始接受身体检查。9月25日，第二师团发布了《充员令》[1]。10月1日，宫城县范围内身体合格的军夫被集中到了县厅所在地，进一步接受检查合格后被正式录用。

对于仙台市民而言，义勇兵运动与军夫招募工作是其最初的对外战争体验。而在《充员令》发布后，征调的军人与打扮奇特的军夫又现身于市内，促使其氛围更为浓烈。

当时曾有媒体报道："前日到达的军夫共400余人，分四组，第一批抵达的100人乃旧会津藩士，头戴白头巾，身着小袴，横挎大刀，竖起队旗。威风堂堂，颇具古风。而其他军夫中，七成侠客，三成士农工商人士，皆非身强力壮之人。"[2] 从这段新闻中可以得知，从福岛前往仙台的军夫，由于其装束奇异，一度引人注目。旧会津藩士全都用大刀武装，而其他的侠客和普通民众则是以手枪、长腰刀来保护自己的。

---

[1] 即召集在家中的预备役军人前往军队报道的命令。
[2] 『奥羽日日新聞』、1894年10月2日。

事实上，当时未等《充员令》发布，各地便提前开始了"军人预备欢送会"。报纸也刊登过相关情形。譬如 8 月 6 日，即《充员令》发布前一个半月，宫城县白石地区的议员就曾共同举办了军人预备欢送会。在会上，主办人首先介绍了军人出征后对其家人的保护措施，继而拜读诏书、演讲、致欢送词与答谢词、宴会、余兴（跳舞、演奏、击剑）、焰火等程序依次进行。而在其他町村，有时还会举办军夫欢送会，其程序基本相同。

士兵的动员及欢送

当人们期待已久的第二师团动员拉开帷幕，预备役（9 月 25 日）和后备役（10 月 6 日）的招募也相继开始后，各地便开始举办盛大的正式欢送会。

据载，9 月 26 日在白石火车站，"郡内全体官民、白石小学学生、宫村信义会员等约 5000 人聚集在车站，手握大旗，共呼万岁"，送别即将开往第二师团驻地仙台的士兵。而与该地的朴素仪式不同，当时其他町村的欢送会办得大张旗鼓。譬如：撞击警钟、各家升起国旗、轻装奔走、燃放焰火、举办宴会，乃至感激涕零，等等。士兵们则身着制服，井然有序。万岁声、警钟声、焰火声相互交织，使整个町村陷入了狂欢的海洋。如此盛况，显然将长时间萦绕在送别者与离去者的心头。

军人预备送别会、应征兵欢送会促使战争气氛一度高涨，而 10 月 29 日至 11 月 3 日连续六天在仙台举办的"欢送出征军队前往广岛"的仪式，则将战争气氛推向了顶峰。

当时的报纸刊载了大量有关欢送会的新闻，尤其以县知事举办

第五章 战争体验与"国民"的形成

的第二师团出征军官欢送会,以及联队、大队为单位的欢送会为代表。同时,驻扎在青叶城内的第十七联队还曾发起过军旗告别会,其各个中队为了庆祝平壤大捷和进军北京而准备了大量装饰品,并邀请高级军官与下士官的家人参与其中,演奏音乐,推杯换盏。进入黄昏后,高级军官与下士官们又分别举办了宴会,各联队长、师团长相互致意并观看了击剑、魔术表演。

第二师团是从临时开设的长町军用车站出征的。在长町内,设有高三丈(五米多)的绿门,① 上面有"陆军万岁""第二师团""征清"等字样,均由栗子、辣椒、灯芯、大豆、胡桃和海带等物摆成。之所以如此,乃是因为取其日语谐音,寓意"胜利、唐朝衰落、讨清、平安归来、喜笑颜开"。这表明在渴求胜利的同时,民众也期盼着士兵的平安归来。

10月31日,《东北新闻》就29日的出征欢送仪式首次刊登了报道《仙台市民不遗余力欢送军队,足见赤诚之心》。其中写道:国旗、陆海军万岁旗帜、饰品、菊花、假花、灯笼点缀街市。在长町车站内,政府官员、仙台军事议会会员、红十字会人员、各学校学生排列于前,其后有民众聚集。万岁声、焰火声不绝于耳。沼泽与三郎身着幕府时期的出征服装吹奏螺号。在螺号声中士兵们乘车离去。他们在每站都受到了热烈欢送,一路向广岛疾驰。

11月3日,最后一支部队离开仙台后,城市蓦然寂静。《充员令》发布后的一个月内,各旅馆和商店曾因招待士兵与军夫而生意爆满,但此时这番热闹景象却戛然而止了。当然,《东北新闻》

---

① 用杉树等常青树制作而成的建筑物,有凯旋之意。

也曾记载：在出征后，各地以市町村为单位还举办过其他的各种仪式，譬如祈愿士兵战捷会等。而在山东战役获胜的消息传来之后，又涌现了不少庆功会、募集金钱物品以慰问士兵、募集军事公债的活动。而其中被报道最多的，则是家庭扶助的相关内容。可以说行政机关与民众共同努力，方才使得战争后方的"战时体制"应运而生。

联接战场与后方的地方报纸

1894年10月14日，《东北新闻》发布了一篇名为《告从军者书》的公告。其中写道：请士兵与军夫的家人向报社提供来自战地的信件，请随军人员将写给家人朋友的信件寄往报社的指定地址，报社将对此类私人信件进行刊登，邮费由报社承担。

由此，向报社投稿的风气逐渐扩大了起来。这些报社，为了弥补记者的严重不足而打算积极刊登军队中的来稿。结果以此为契机，当时有不少投稿者在随后成为报社记者或小说家。可以说，刊登战场来信正是此项措施的具体运用。此方法虽也被当时东京、大阪的大型报纸采用过，但对于地方报纸来说显然是更为重要的。

当时的报纸一般是将一张纸折为两半，故有四面。其基本排版如下：第一面与第二面主要是论说和杂讯①，第三面为社会新闻②，第四面刊登广告。大型报纸为了战时报道还会增加版面和发行号外，但地方报纸却难以效仿它们的做法。

---

① 其内容主要是国内外的政治、经济新闻。
② 故在口语中常称"三面新闻"。——译者注

第五章　战争体验与"国民"的形成

由于财力薄弱、印刷技术落后、编辑人员稀少、通信公司不发达等原因，仅是填满版面的新闻与广告，地方报纸就已难以确保。日中开战后，地方报纸很难向战场派遣随军记者，即便能够派送也是区区一人而已。而收集并刊载那些来自战地的信件，则不仅可以弥补战争信息的不足，更可以反映出乡土士兵、军夫的心声。这两点可以说极大地迎合了地方报纸读者的需求。虽然战地信件所描述的士兵体验有时过于片面，且刊登的文章大多被模式化处理，但对其亲朋好友与同乡而言，看到这样的报道却是感到格外亲切的。

第二师团在广岛期间，《东北新闻》的主要内容是在当地出身的海军军人及该师团高级军官、下士官的投稿。1895年1月山东战役打响之后，来自第二师团士兵、军夫的信件逐渐增多。《东北新闻》虽然允许投稿人匿名，但他们还是会在信件中清楚地写明自己的姓名、籍贯、所属部队与作战地点。对于士兵与军夫而言，刊登出来的信件就是一封问候信，写明真实姓名就可以告知家人朋友自己平安无事。故可以说，地方报纸如同一块公告牌，把当时的战场与后方联结了起来。

另外，也有一些积极发挥此"公告牌"作用的例子。譬如宫城县牡鹿郡出身的军夫玉井庸四郎就曾屡次写信给东北新闻报社长松田长吉，并在多封信函中提及了牡鹿同乡的前进状况和二十多人的姓名，强调"牡鹿郡的军夫无一病患，敬请安心"。他从广岛出发开始一直到山东、台湾战役为止，接连往回邮寄信函，不断地向故乡汇报着战友的安全情况。

《东北新闻》当时派遣了随军记者樱田孝至郎前往战地，他一直尾随在乡土部队后面进行取材。1895年2月26日刊登的樱田

《第二师团从军记》中曾记载称：1月9日到2月2日的《东北新闻》刚寄到战场，军人们便争先阅读。3月7日刊登的《第一军近况》则称：一名士兵曾请求樱田赠送其一份刊登过自己投稿的报纸。甚至还有一位名叫渡边重纲的老军医，年过六十居于仙台，在其所著的《征清纪行》中描写了如下情景：在读到从战地寄来的《东北新闻》一篇和歌后，收到了其旧知佐久间左马太的问候，而后者正是当时的占领地总督（原第二师团长）。从师团长到士兵、军夫，故乡的报纸就是一份百读不厌的家书。

对于随军人员而言，家乡的报纸是最好的慰问品，是战地与后方交流的渠道。通过这条渠道，信息在战地与后方之间得到了交换并相互作用，使各地读者也得知了战场的情形。

《扶桑新闻》记者铃木经勋

从古至今，记者中不乏个性之人。《扶桑新闻》作为名古屋影响力较大的地方报纸，曾派遣铃木经勋作为特派员就战争情况进行取材。而他正是一位极具个性之人。

铃木经勋出生于1853年，其父为幕臣。在讲武所、昌平坂学问所求学后，他又在横滨陆军语学所学习法语。明治维新后，其全家搬至静冈居住。当时铃木经勋24岁，只身一人前往东京寻求自立之路。在从事过几份职业后，他凭借自己的法语功底进入了外务省。此后，铃木经勋远赴马绍尔群岛，调查了此地日本人的遇难事件；继而在离开外务省后又凭借这段经历创作了《南洋探险实记》（1892年）等三本有关南洋见闻的书。其作品是明治时期日本撰写南太平洋地区民族志的先锋，后来得到了不少学者的赞誉。1893

年 11 月，铃木成了《扶桑新闻》的记者，并于次年为战争取材而开始不遗余力地在战场和日本间来回奔波。

太平洋考古学专家高山纯在其《南海的大探险家：铃木经勋》一书中曾就铃木经勋的南洋调查批判指出：铃木经勋的著作皆是剽窃、虚构的，他是一个天生的"谎言家"。一般而言，研究记者"充满谎言"的从军记是毫无意义的，但笔者认为铃木经勋的取材在某种程度上确实对名古屋地区的民众战争观产生过影响，故打算在此稍做探讨。

铃木经勋前后去过四次战场。第一次是 1894 年 6 月 12 日至 7 月 28 日赴朝鲜，第二次是 8 月 12 日至 10 月 11 日随军至平壤，第三次是 1895 年 1 月 15 日至 4 月 23 日从海城随军至牛庄、田庄台，最后一次是日中缔结议和条约后，随第三师团驻扎辽东半岛。

铃木的第一次随军时间偏短，在开战前便已回国，故没有亲见日军占领朝鲜王宫和成欢之战的情形。然而，他却错误地记载了事件的发生时间并在此后的《南洋翁回想录·四》（1937 年）中指出：成欢之战中，包括自己在内的 21 名随军记者组织过一支名为"红绶队"的拔刀队，深入敌营，缴获了三门克虏伯大炮。这显然是无稽之谈。

在第二次随军行动中，铃木经勋经釜山于 8 月 29 日抵达了仁川，又从仁川溯流而上到达汉城，随后便徒步前往平壤。8 月 30 日至 9 月 13 日，报社方面断断续续地刊载了铃木经勋的《入韩日记》。他在其日记中言辞激烈地批判了日军的行为：号称"文明"的日本军队却混杂着大量野蛮的军夫，士兵们对朝鲜人行为粗鲁，态度颇为恶劣。

当时隶属第三师团的军夫集结于名古屋时，军需承包商曾在负责招募人员的过程中对军夫的野蛮粗暴毫不管制，只顾自己克扣军饷。结果，《扶桑新闻》又以"军夫问题"为宣传点，严厉批判了军需承包商的失责行为。而铃木经勋的报道正是此宣传活动的重要一环。

与其他报社记者一样，铃木经勋跟随着混成第九旅团就9月15日攻占平壤的战役取材。他虽然携带着"速写摄影器"，但据说这实际上不过是一台需要使用柯达胶卷的照相机。

隆重的战况报告会

从战场归来的铃木经勋也没有一门心思地为《扶桑新闻》撰写报道，而是将精力倾注于演说会，向民众讲述自己所亲历的平壤之战。从10月17日至20日，他在市内的末广座、笑福座、音羽座和京枥座等地举办了"非政谈平壤激战实见报告演说会"。在此之后，直至年末的12月28日，爱知县各地与岐阜县的部分地区均召开了类似的战况报告会，共计五十余次。其中在市区举行的，主要以剧场作为会场；在市外举行的，则以寺院、小学充当会场。据《扶桑新闻》可知，当时的参加者最多时有3500名，最少时也有数百名，故其景象时常会用"盛况空前""竟无立足之地"来形容。

报上写道，演说会的内容主要包括：日兵的勇敢、敌军的怯懦、平壤的景色、激烈凄惨的战斗等，全场听众一片沸腾。11月6日，名古屋的博文社还出版了一本名为《扶桑新闻战地特派员铃木经勋演说平壤大激战实见录》的册子，其内容与铃木经勋的演

第五章 战争体验与"国民"的形成

讲基本一致。

这本册子正文共有 26 页，刊登了 13 张插图，据称是由铃木自己拍摄的。此外还有 4 页附录，内容主要是"战死于平壤的丰桥第十八联队军官与下士兵姓名录""丰桥第十八联队进攻平壤之歌"。在平壤之战中，清军虽然武器优良、粮草充足，且依靠坚不可摧的平壤城池占据了有利地形，但由于士兵懦弱，缺乏斗志而落败于日军。丰桥步兵第十八联队隶属于第三师团，是该师团中唯一参与过平壤战役的联队。该联队的原田重吉曾登上玄武门并高呼"天皇万岁、皇后万岁、大日本帝国万岁"，由此宣告了此次战役的胜利告结。

另外，铃木经勋还编纂过《日清战争从军相册》（藏于福岛县立图书馆佐藤文库），并用这些照片制成了"幻灯种纸"（即幻灯片）。这些幻灯片，曾在大日本照片品评会名古屋支部与红十字会举办的幻灯片大会上上映，共计六次。

虽然报纸有些夸大了铃木经勋战况报告会的参加人数，但即便其数字只按一半来计算，也有名古屋周边超过 50000 名听众来聆听他的演说。这是非常令人惊讶的。而主办者也在一些会场向铃木经勋赠予了感谢信与随军纪念章。

实际上，前面提到的《实见录》所涉及的战斗过程有诸多不实之处。所谓铃木经勋拍摄的战斗照片，仅凭当时的技术条件来看也是根本无法达到的。它们无非是一些仿制品，由铃木经勋添加了一些拙劣的素描而已。但是，众多民众聚集在战况报告会的会场，在铃木经勋的激情演说后深受"感动"而开始支持、协助战争的事实却证明：铃木经勋的活动是无法忽视的。

两个半月的演讲活动结束后，铃木经勋于1895年1月15日开始尾随步兵第六联队的候补队，自名古屋出发前往海城。此时的第三师团正深陷寒冷的海城孤立无援，直至2月17日候补队顺利抵达后才看见曙光。铃木经勋在此期间经历了清军的进攻与日军的反击，即海城防卫战。进而又随第三师团见证了牛庄、田庄台的战役，写下了大量带有插图的战斗报道。在当时的随军记者中，近距离目睹海城、牛庄、田庄台战役的人并不多。故铃木经勋对此进行的报道，向世人展现了战史上无法了解到的战争面貌，可以说是异常珍贵的。

凯旋与民众欢迎

1895年4月，日中两国签订了《马关条约》。因此原计划的"直隶决战"未能执行，外征的部队开始陆续回国，预备役、后备役士兵相继复员。为迎接其凯旋，日本全国各地举办了各类庆祝仪式，为追悼战死者而设"招魂祭"。以下将介绍宫城县的具体情况。

由于第二师团被派至台湾镇压起义，于1896年3月末才接到回国复员的命令，所以成了最后回国的部队。战争尚在进行的时候，宫城县内的各个郡町村就已成立了尚武会和兵事议会，并在战事结束后统一接受县知事的管理，专门负责迎接工作。

1896年4月下旬至5月初，第二师团陆续回国。尤其是其师团长乃木希典，于4月22日到达了仙台，第三师团的各个旅团司令部、步兵第四联队亦在次日先后抵达，使庆祝仪式进入了高潮。在当时的仙台车站设有"绿门"，民众们夹道欢迎师团长与各位军

第五章 战争体验与"国民"的形成

官,此情形甚至被拍摄了下来,照片收录于当地远藤照相馆出版的《征台军凯旋纪念帖》中。

在步兵第四联队之后,另一支乡土部队步兵第十七联队也回到了仙台。在前往原驻地青森的第四旅团司令部,步兵第五联队通过仙台站之后,凯旋仪式才算告一段落。报纸上开始出现"为慰藉战死亡灵举办大型招魂祭"的报道。

《东北新闻》在其4月26日的社论中曾写道:"愿此次祭典虔敬肃穆,神圣而不可亵渎;愿亡灵来世不与世间浮华低贱为伍。"但由于甲午战争是日本近代以来的第一场大规模对外战争,其战后的招魂祭也史无前例,所以围绕相关问题也存在着不少的疑问。首先,祭祀的对象究竟是谁?这自然会涉及军夫的问题。军夫,从严格意义上说并不是正规的军人或"军属"①,故如何处理是颇为棘手的。而且在招魂祭的会场上,神道与佛教的关系、朗读祭文人员身份、接待人员、参加者的范围、仪式后的娱乐活动等都存在讨论的空间。

5月20日、21日,第二师团的招魂祭在毗邻步兵第四联队驻地的榴冈公园举行。招魂祭坛设在灵堂之内,以此祭奠"在日清战争中战死或病死的军人、军属、军夫(全部隶属于第二师团及其管区内的人员)"。20日上午7时,神道仪式的祓式、招魂式开始。师团长乃木希典及《东北新闻》特派员樱田孝治郎朗读了祭文。随后,乃木希典以下的各位官员、来宾、遇难者家属、红十字会成员、各部队各学校学生相继进行了参拜。神道的祭祀仪式由此

---

① 在日语中指军队内除作战军人以外的其他人员。——译者注

结束。

参加人员暂时退场后,会场内又摆设起佛教仪式的祭坛。上午10时起,开始再次举行佛教的祭祀仪式。有300余名僧侣入场,北野元峰大师作为各宗派的管长(即佛教等一宗一派之长)总代表朗读了祭文,同时僧侣烧香诵经。随后,与神道仪式的顺序相同,师团长以下的各位官员和一般民众先后烧香参拜。在神道、佛道的祭祀仪式全部结束后,静冈公园的奉纳击剑比赛、宫城野原的赛马大赛、各町内的奉纳花车巡游、集体舞、焰火等活动相继展开,整个城市在全天一直保持着热闹非凡的景象。

5月21日,除招魂祭坛之外,祭场内又设立了佛教仪式的法场以安置死者灵位。上午10时,西本愿寺法主大谷光尊主持了法事。继而在第一次法事结束后,沼泽与三郎和千人长细谷直英朗读祭文,由东本愿寺新门主大谷光演主持了第二次法事。出席人员的构成和法事后的活动与前一天是完全相同的。①

追悼、慰灵:"分选"及日本东北的情况

上一节根据报刊新闻的记载对招魂祭细节进行了梳理介绍,接下来在本节中将会具体对相关的问题点展开探讨。

如上所述,招魂祭所祭拜的是"在日清战争中战死或病死的军人、军属、军夫(全部隶属于第二师团及其管区内的人员)"。意即,第二师团的相关人员以及属于第二师团管辖范围内的东北六县及新潟县部分地区的战死者和病死者。军人、军属、军夫应是一

---

① 「臨時大招魂祭」『東北新聞』、1896年5月21日、22日。

第五章 战争体验与"国民"的形成

同被追悼的对象。来自其他地区的军官虽然也被列在追悼的范围之内，但其主体毕竟还是战死的日本东北地区人员。军人、军夫受到同等待遇，自然是当时东北尤其是仙台民众的内心意愿。

将殉国之人作为英灵奉于靖国神社以作表彰，这一制度虽然在当时已经形成，但由于在地方上佛教势力较大，"靖国与招魂社密切相连"的理论尚未在各地普及。所以，此时在招魂祭上受到追悼的战死者并非全部作为"英灵"供奉于靖国神社。根据陆海军的方针，阵亡的军人、军属是可以被称为靖国英灵的，军夫虽然能够享受与战死、负伤者的相同待遇，但绝大多数病死人员则被排除在外。虽然东北地区的民众对军人、军属和军夫一视同仁，认为军夫亦随军战斗，功劳不可忽视。但实际上军队却未能如此，最终将军夫抛于脑后。

包括榴冈的大型招魂祭在内，各类追悼仪式结束之后，自第二军出征以来各地持续开展的相关仪式也画上了句号，人们又重新回归日常生活之中。不过，各地为纪念战争和追悼阵亡者又开始着手筹建起各类设施来。仙台市曾一度计划建造凯旋纪念碑、阵亡者吊魂碑、佛教的忠魂祠堂、招魂社等建筑，但未能如愿，仅完成了征清纪念碑、阵亡者遗骨塔的建设而已。前者位于设有军官相关研究团体"偕行社"的樱冈公园，细谷直英为纪念阵亡的军夫在此地建立了招魂碑；后者则位于宫城原町的阳云寺境内，是和服商人大内源右卫门所建的供奉塔，用以收容那些未被认领的无名阵亡者遗骨。

招魂社的建立较晚。其最大的问题想必与祭拜对象有关。靖国神社祭奠的是癸丑年（1893年）以后的殉国者和阵亡军人。各地的护国神社（旧招魂社）也都对其进行效仿。而日本东北地区在戊辰战争中组建过反政府的奥羽越列藩同盟，有不少曾经的"逆贼"，所以若将靖国神社的供奉原则原封不动地运用于东北地区的招魂社，那么无论是祭祀杀害同伴的阵亡军人，还是由贼军祭祀自己被杀的亲人，都是不可能的。

结果，当地的有志人士和第二师团合作，于1898年成立了昭忠会，每年举办招魂祭以祭拜死者。同时将"明治七年佐贺与台湾战役"的阵亡者改称为"明治二十七八年战役""该战役之后的台湾守卫"中战死、病死的军人与军属。这些人，均来自第二师团与第二师团管区，并将有争议的幕末战争、戊辰战争中的遇难者排除在外。可以说，旧仙台藩的相关人员由此与第二师团最终达成了妥协。

1899年，为了贯彻地方振兴政策，仙台还曾举办过开府以来的300年祭。借此机会，日本政府将戊辰战争以来陆军所占据的部分旧城遗迹向市民公开。在那以后，陆军省开始允许昭忠会使用本丸遗迹，并在其中建立了昭忠标、招魂殿和威扬馆等建筑。到了昭和时期，又另建了伊达政宗骑马像，本丸遗迹遂成为仙台的象征。如此一来，为了追悼甲午战争阵亡者而修建的慰灵设施开始成为地方与藩阀政府和解的桥梁。

福岛县文书中留下的"地方与战争"

甲午战争日本获胜的原因之一在于日军为对外战争所采取的动员机制，这是清军相对欠缺的方面。尤其是与陆军关系密切的战时动员相关事务，当时并非由陆军直接执行，而是交由各个市町村负责。这种战时动员的成功意味着以下两点：（1）日本的市町村在

第五章 战争体验与"国民"的形成

处理繁杂的兵事事务，尤其是征兵及动员战时人马相关事务方面能力卓越；（2）在组织预备役、后备役人员返回军营的工作上，日本拥有着某种强制力。

明治时期的地方制度研究者松泽裕作曾指出，江户时代"村"的构建原理与机制，与近代的做法完全相异，各地之间存在着较大差别。但在市制、町村制实行（1889年）之前的一段时期，通过町村的合并重组，各地开始按照界线均等划分，由此形成了国民国家的基石。① 日本的町村在甲午战争前后诞生，虽然只存在了五年时间，如同一个未长大的幼儿，但却能顺利地完成战时兵事事务。而当时町村负责的具体工作则可从福岛县相关文书中窥见一斑。

福岛县相关文书现藏于福岛县历史资料中心。其中有关甲午战争前后的兵事资料十分丰富，尤其引人注目的是《义勇奉公录明治二十七八年役战时状况》《二十七八年有功者调查书》两份资料。

战争开始之际，福岛的县知事是日下义雄（1892年8月至1895年7月在任）。战事结束后，他被调往外务省，由原山口县知事原保太郎②继任。日下义雄的本名是石田五郎，其父石田龙玄曾是会津藩主的医生，其弟石田和助是白虎队员，在饭田山自杀。在幕末时期，日下义雄先后历经过鸟羽伏见之战、会津战争、箱馆战争，此后又因缘际会得到井上馨的推荐赴美留学。所以后来他开始作为井上派系的官僚活跃于政坛。在担任过对外事务纷繁复杂的长

---

① 松沢裕作『町村合併から生まれた日本近代—明治の経験』講談社、2013。
② 在马关议和期间发生"李鸿章遇袭事件"后被追责，辞去了山口县知事一职。

崎县知事后，福岛县出身的日下义雄最终被任命为故乡的知事。

《义勇奉公录》中有1895年11月事件的相关记录，虽是原保太郎在任期间编纂的资料，但日下义雄在任时期的内容占了绝大多数。其内容主要关于福岛县在战时实施对策的情况，具体时间从中日开战到第二师团凯旋、举办阵亡者招魂祭为止。

其目录如下所示："招募士兵、征用马匹与蹄铁工、招募军夫、义勇兵志愿从军、捐赠军资及慰问品、募集军事公债、神社佛寺之祈愿、窥伺天机、欢送出征军队、救助随军者家属、慰问出征军队与伤病员、安葬阵亡者与抚恤遗属、庆祝战事大捷恢复和平、哀悼有栖川小松两宫殿下薨逝、欢迎凯旋军队、野战师团复员、表彰随军者与祭奠阵亡者、红十字事业、战后志愿服役者。"

其中与兵事事务最为相关的内容包括：招募士兵、征用马匹、招募军夫、募集军事公债、救助随军者家属，等等。但从《义勇奉公录》中收录的资料可以得知，这些事务并非由县厅直接操办，而是通过郡长督促各町村的形式完成的。

动员与核定：町村长们的"勤务评价"

战后，福岛县曾就战时兵事事务的实施情况在各町村开展过调查，由此编成了《有功者调查书》，类似于各町村的通信簿。而各府县在当时亦编制了类似的书籍。

继任日下义雄知事的原保太郎在1895年12月4日的第70号训令中曾通知各郡长："明治二十七八年战役之际，兵事主任、郡书记、町村长尽力筹划出征事宜、募集军事公债，现将功劳匪浅者分甲乙两级，录其功绩与官职姓名，本月15日截止上报。"

第五章　战争体验与"国民"的形成

有功者的功绩、官职姓名姑且不论，通过打分来评定"甲乙两级"的构思是颇显特别的。这里所说的"出征事务"，具体指招募士兵、征用马匹、招募军夫等事。它与募集军事公债一同构成了县厅评价各町村长战时功绩的重要内容。据称，各郡长当时对于突如其来的训令甚是疑惑，进行过各种咨询，但最终都在期限内完成了调查并呈交上级。

福岛县共有 362 个町村，若归纳郡长们的上报数量可以看到，以町村长为例，甲级有 138 名，乙级有 224 名。但由于县厅未公开具体的评定标准，各郡的评价标准存在着一些差异。结果在县厅重新评定之后，甲级人员共有 100 名（占 27.6%），乙级有 262 名（占 72.4%）。县厅对 362 名町村长的功绩完成评定后，功绩居于平均水平以上的人员共计 149 名（约占 41%）。町村长、郡长的具体功绩讨论起来十分有趣，但限于篇幅，在此不做详述。

至此，结合松泽的观点可以得知，在执行甲午战争战时事务的过程中，各町村及郡县的官员是训练有素的。以福岛县为例，约 40% 的町村达到了县厅要求的水平。若从日本全国来看福岛县的执行水平究竟处于何种位置尚难明确，但能够确认的是：日本陆军当时正是以此种水平的后勤保障，确保了其动员机制的顺利运转。

甲午战争与冲绳

不过，町村制和征兵令在具体实施上仍是存在例外的。这是因为町村制自 1889 年 4 月 1 日实施之际，北海道、冲绳以及各个大小岛屿均未被列入制度的对象范围。另外，征兵令虽然在 1873 年后得到了全面实施，但北海道直到 1887 年才正式推行，冲绳本岛

169

和小笠原群岛的执行则是1898年的事情了。至于宫古、八重山等岛，直到1902年仍未实施征兵令。

正因如此，北海道地区虽然在甲午战争中重组屯田兵临时组建了第七师团，但冲绳却在尚未实施征兵令的情况下就经历了战争，因此其情况也与日本本土各地大不相同。接下来，本书将对冲绳所经历的甲午战争及其战后情况做一个简要的介绍。

在实施征兵制以前的1890年，冲绳曾有10名青年志愿者申请加入以培养下士官为目标的陆军教导团，此后又陆续有人入团。据说到甲午战争时为止，已有近50名下士官。他们认为，通过履行服兵役的义务就能够获得作为日本帝国臣民所应有的权利。

但当时存在着一个名为"黑党"的组织。他们抵制"琉球处分"，意在守住琉球的"社稷"。[1]他们中甚至有人远渡中国，以当时琉球馆所在的福建省福州府为中心，相继开展了一系列"琉球复辟"的运动。甲午战争爆发之后，黑党，或者说被称为顽固党派的人士，每月的1日和15日都会去首里的圆觉寺等寺庙参拜，祈求当时居住在东京的前琉球国国王尚泰身体康健，也祈求中国在战争中能旗开得胜。

但与黑党相对，当时的冲绳亦有协助日本政府的动向。尤其在收到中国南洋海军即将袭来的传闻之后，为了协助日本陆军的冲绳分队，当地的师范学校与中学组织了义勇团，那霸的官员和寄居的

---

[1] 即琉球王国作为中国朝贡国的传统。事实上，在日本窃占琉球之后清政府一直不愿承认，当时中日之间在琉球问题上尚存争议。日本外交当局甚至在甲午战争之前一度考虑过"朝琉交换论"，即在朝鲜问题上对华让步，以换取清政府对日本窃占琉球的正式承认。——译者注

第五章　战争体验与"国民"的形成

商人也组建了同盟义会以备敌袭。

由于甲午战争以日本的大获全胜而告终，《马关条约》规定中国应割让台湾给日本，日中之间关于琉球的归属问题也随之尘埃落定。由此，自明治初期以来的冲绳分裂意识亦最终归于平静。日本在战争中的胜利（虽然对于黑党与顽固党派的琉球人来说是己方战败），使得依赖中国所展开的"琉球复辟"运动失势。不过，在此后仍有一部分"黑顽派"通过对年轻一代进行汉学教育、举办传统的祭祀活动等形式不断谋求内部的团结。甚至有时还会有人远渡中国，支援在福州滞留的黑党。

不难看出，在甲午战争时期由于"旧惯温存政策"① 的持续，以及"琉球复辟"为目标的政治、文化势力的根深蒂固，当时将冲绳"并入日本"的工作并不顺利。但是随着中国的战败，战后冲绳的日本化进程得以平稳推进。

此外，1894年12月日军占领旅顺，战争大局已定之际，当时的日本内务大臣野村靖曾向内阁会议提出过关于对钓鱼岛进行领土标记的议案，内阁会议对此表示了同意并在次年1月的会议上决定将该岛划归冲绳，对其进行了领土标记的建设。

战后的冲绳

1898年冲绳本岛实施征兵令后，曾频繁出现过逃避兵役者。与日本本土一样，有的冲绳人为逃避兵役采取了"征兵检查前逃跑、故意毁伤身体、装聋作哑"等手段。有的人则索性移民海外，

---

① 保留琉球王国境内原本的制度，不做积极改变的政策。

试图通过各种手段逃脱兵役。其中尤以渡海前往中国者居多，这也是冲绳的一大特色。

使这一情况发生巨大改变的契机是日俄战争。在日俄战争中有两千余名冲绳士兵出征，约205人（约占总数的10%）战死，以此证明自己是"忠良的帝国臣民"。

然而即便到了明治末期，冲绳县逃避兵役的种种情形在其性质上仍与日本本土的情况存在着根本的不同。譬如日俄战争结束后的1909年，《冲绳警备队区征兵检查概况》[①]中曾列举过各种各样逃避兵役的具体实例。其中包括了以往日本本土发生过的为逃避兵役而自残，以及其他五花八门的装病行为。除此之外，诅咒征兵检查官、妨碍征兵检查的情况也时有出现。甚至还曾有"发狂的妇人"控诉道"大和人的官差年年到琉球抓壮丁扩充军队，把他们带回大和，等战争结束则悉数杀光，看看你们干的好事"，进而提出了面见司令官的要求。类似这样的例子随处可见，而这些事例在日本本土却是极为稀少的。

1909年，冲绳县应接受征兵检查的壮丁为4778人，其中甲种合格者1411人（29.5%）。报告书感叹于冲绳甲种合格率之低，并将其原因归结为如下三点：（1）卫生观念的淡薄；（2）风土病的蔓延；（3）征兵检查对象中有765人赴海外务工，而这些人占壮丁总数的六分之一左右。该报告书甚至承认：这些远渡重洋者，实际上就是为了逃避兵役。

---

① 后收录于『貳大日记』，1910年11月。

第六章 《马关条约》与侵占台湾

一 条约签订与"三国干涉还辽"

"直隶决战"的准备

话题回到战争的过程上。

继旅顺之后,日军又于1895年2月占领了威海卫。由此,日军大本营开始着手规划直隶决战的准备工作。直隶决战原本就在"作战大方针"中有清晰的定位:击败北京附近的清军主力,迫使清廷签订不平等条约。但正如本书第三章提到的那样,从开战后的情况来看,日军是不可能在1894年进行决战的,故8月末拟定的冬季作战方针推迟到了第二年春季。

本书第四章还曾提到,在山东战役开始之后,日军于2月初攻占了威海卫,包围了刘公岛和北洋海军,看到了取胜的希望。大本营此时才开始着手直隶决战的准备,特别是任命寺内正毅为陆军运输通信长官,令其拟订直隶决战的运输计划。

3月上旬,大本营确定了直隶决战(又被称为"第二期作战计划")纲要。在此阶段,日本陆军的作战部队主要包括七个常备师团①、后备部队（含 39 个步兵大队、6 个骑兵小队、6 个工兵中队）以及一个临时师团（以屯田兵为主力）。根据这份决战计划，7 个师团（含 6 个常备师团和 1 个临时师团）的全部、后备部队的三分之一将会被运送到直隶与 20 余万清军决一雌雄，而剩余的一个师团则会留在奉天占领区执行警戒工作。由于金州半岛与朝鲜半岛也需要配置一定数量的守卫兵力，故可以说届时日本的国内将完全无兵把守。

征清大总督府的前移中国

为了指挥直隶决战的大部队，大本营原本计划从广岛移往前线，明治天皇也将跟随大本营远渡中国。由于明治天皇御驾亲征并不现实，故该计划在 3 月中旬发生了变更：大本营的作战部门以征清大总督府的名义前往前线，参谋总长小松宫彰仁亲王出任征清大总督。

征清大总督府的主要成员包括大总督小松宫彰仁亲王，幕僚川上操六中将（参谋次长）、桦山资纪中将（军令部长）、副官大生定孝大佐、兵站总监部总监川上兵占、运输通信长官寺内正毅、野战监督长官野田豁通、野战卫生长官石黑忠德和管理部部长村田谆中佐。

3 月 15 日，近卫师团、第四师团收到了开往广岛的命令。两师团遂在 3 月下旬至 4 月 1 日陆续抵达了广岛，并先后在 4 月 11

---

① 即近卫师团、第一师团、第二师团、第三师团、第四师团、第五师团和第六师团。——译者注

第六章 《马关条约》与侵占台湾

日、13日分两批由宇品港启航前往中国。这两个师团共有士兵35000余人、马5000匹，在4月18日前抵达大连港。由屯田兵改编的临时第七师团也通过铁道运输的方式，于4月中旬之前在东京集结完毕，等待开赴战场的命令。

作为直隶决战先头部队的近卫师团和第四师团4月13日离开宇品港时，征清大总督府也于同日乘"威海卫丸"从宇品港出发，在18日清晨开抵旅顺。此时在金州半岛和大连湾内的运输船中，已有隶属于第二军的近卫、第二、第四、第六师团，隶属第一军的第一、第三师团也集结完毕，唯有第五师团尚在执行警戒工作，负责管理从鸭绿江到辽河河岸牛庄、营口的广大占领地。

在山海关附近登陆后，负责构筑直隶决战根据地的第二军司令官大山岩，于4月17日上午对所属各部队下达了作战任务：对直隶的军事行动将在4月21日开始，并应在5月3日完成登陆。可以说，直隶决战此时已迫在眉睫。但就在当天下午，大山岩收到了伊藤博文的电报：日中两国已经签署了《马关条约》，停战状态将自动延长至交换批准书的5月8日。故大山岩未等大本营的通知，便当即向隶下各师团长发布了中止上午命令的指示。第二天，大山岩将伊藤博文发来的电报呈交给征清大总督府浏览，并告知了《马关条约》签订的消息。事实上，直隶决战在这个时间点已确定要停止了。

如本书第一章所述，直隶决战是1880年代以来日本陆军对华作战传统思维的体现。在对华开战之后，该作战计划虽然根据战况变化发生过数次延期，但却是大本营一直追求的主要战略目标。如果李鸿章的和谈使团当时没有及时来到日本，抑或是《马关条约》

175

谈判破裂的话，那么发动直隶决战的可能性将是非常高的。

若日方果真实施了直隶决战，情况将会如何呢？实际上自1894年10月英国提出调停以来，列强对甲午战争采取干涉行动的可能性是不断提高的。再加上马关谈判时李鸿章曾遭遇刺杀，因此在当时的情况下要无视外国干涉而发动直隶决战几乎是不可能的。

在两国开战及此后的谈判时，列强一度增强了在东亚的舰队力量，为实现干涉而不断强化其军事实力。尤其是英国，埃德蒙·弗里曼特尔（Edmund Fremantle）中将指挥的英国"中国舰队"还增派了以10000吨级战舰、7500吨级大型巡洋舰为主力的军舰，此举旨在同其他列强的东亚海军竞争，防备日军对英国权益的侵犯。显然，当时英国海军"中国舰队"的力量是远远强于日本海军的。

正如桧山幸夫所指出的那样，在这种可以预想到的复杂国际情势之中，制定此类片面强调进攻、完全不顾日本本土防卫的直隶作战计划，是极为冒险的举动。①

李鸿章出任和谈全权大臣

中日对和谈的摸索始于旅顺陷落之后。当时天津海关的二号人物、任天津税务司的德国人德璀琳（Gustav von Detring）曾接到清政府和李鸿章的指示，在1894年11月26日赴神户与兵库县知事周布公平会面，表达了期望面见伊藤博文并呈交李鸿章书信的意图。此时的日本政府却并不承认德璀琳作为谈判人员的身份，故德璀琳将李鸿章的书信邮寄给伊藤博文之后便返回中国了。

---

① 桧山幸夫『日清戦争——秘蔵写真が明かす真実』。

第六章 《马关条约》与侵占台湾

此后，驻日本和中国的美国公使作为中间人开始推动日中之间的和谈。1895年1月31日，谈判使节张荫桓和邵友濂来到广岛，但当时仍是因为全权委任状的效力问题，两国未能进入实质性的谈判。伊藤博文与陆奥宗光所期待的是，位高权重的李鸿章作为全权大臣来进行和谈。

日本政府真正开始对和谈条件展开研究，始于1894年10月8日驻日英国公使楚恩迟（Power Henry Le Poer Trench）提出调停建议时。当时陆奥宗光以朝鲜独立、割地、赔款和改定通商条约为主要内容起草了两份草案并得到了伊藤博文的同意。要求割让的领土乃是大连湾、旅顺和台湾，均系日军尚未完全占领的地区。根据日本驻外公使馆所得到的情报，欧美列强对此反应十分激烈。

在美方作为中间人所展开的广岛和谈之前，陆奥宗光曾于1895年1月上旬向内阁会议呈报了谈判条件并得到通过，所以他与伊藤博文一起前往广岛，在1月27日的大本营御前会议上确定了和谈条约的草案。当时的情况是，陆军要求清政府割让即将沦陷的辽东半岛等广大地区，海军主张割让其尚未失守的台湾，同时日本国内舆论也鼓吹应让清政府割让更大面积的领土。结果，对列强干涉颇感担忧的伊藤博文和陆奥宗光接受了陆军与海军的要求并拟定了草案，打算以此为目的尽早完成和谈。

在旅顺沦陷后，李鸿章已经被剥夺了军队指挥权和北洋大臣、直隶总督等相关职权。但此后威海卫被攻陷，北洋海军全军覆没，广岛的和谈将告失败，就连光绪帝与主战派也感到束手无策，故不得不又将李鸿章从天津召回，举行御前会议商讨和谈问题。

此次商讨持续了很久，尤其讨论了"究竟是接受割地赔款的要求与日本和谈,还是拒绝日方要求,迁都后继续坚持抗战"的问题。结果在3月2日,李鸿章向朝廷上奏了对日交涉方案,表示事已至此只能用割地的方式换取和平。这一方案得到了朝廷的批准,故李鸿章在此后便带着割让领土、支付赔款、承认朝鲜独立的三个条件,启程前往日本进行谈判。

谈判开始与李鸿章遇刺

随李鸿章同行的人员,包括其养子李经芳、幕僚伍廷芳、前美国国务卿和顾问科士达(Foster John Watson)等共计100余人。他们3月14日从天津出发,19日到达下关,并于21日住进了日方提供的住所"引接寺"。3月20日至4月17日,作为日方全权代表的伊藤博文、陆奥宗光与李鸿章,以及李鸿章负伤后被委任全权的李经芳之间进行了七次谈判。

在3月20日的第一次谈判中,李鸿章曾提出"作为双方谈判的前提,应首先缔结休战条约"的意见。对此,日方认为"休战条约缔结恐将使谈判长期化,对尽早议和的目的造成障碍",故在21日的第二次谈判中提出了"作为休战的担保,需让日军暂时占领天津、大沽、山海关等地"的要求。这些条件是清政府难以接受的,所以实际上是对缔结休战条约的拒绝。结果,李鸿章在24日的第三次谈判中撤回了休战的要求,宣布直接进入和谈交涉,日方对此表示了同意。

3月24日第三次谈判结束后,李鸿章乘轿返回住所,但在途中遭到了小山丰太郎的手枪袭击。当时小山丰太郎在非常近的距离瞄准了李鸿章的胸口,但子弹打在了李鸿章左脸颊上。小山丰太郎

第六章　《马关条约》与侵占台湾

当时 26 岁，乃日本群马县出身，在庆应私塾退学之后作为自由党的壮士进行活动，经验丰富。在法庭上，其辩护律师声称：被告人小山认为甲午战争的罪魁祸首是李鸿章，日本目前战果尚不充分，还未到和谈的时候，故为阻止和谈、坚持战争而谋划了袭击行动。

这起暗杀李鸿章未遂事件，让人联想到了 1891 年曾发生过的大津事件，当时沙俄的皇太子因遇袭而负伤。明治天皇对列强的批评极为担忧，专门指派了野战卫生长官石黑忠直，外科手术专家、陆军军医总监佐藤进为李鸿章治疗。经过治疗，李鸿章于 4 月 10 日重归谈判席，而日本民间各地也有不少人给其寄来了慰问信与抚恤品。

日本政府担心李鸿章会以负伤为由回国而中止谈判，故不得不同意他提出的休战主张。结果，双方于 3 月 30 日缔结了休战条约。据此条约，除台湾、澎湖列岛之外其他所有地区的战斗将会在三周之内暂停。这实际上意味着两国交战的结束。

清政府的苦恼与条约缔结

李鸿章受伤后，李经芳被任命为钦差全权大臣，代替负伤的李鸿章进行谈判。4 月 1 日，陆奥宗光秘书官中田敬义拜访了李鸿章，向其递交了日方的和谈条约提案。

日方的和谈条件比李鸿章预想的更加苛刻，故李鸿章找来了科士达协商对策，并通过总理衙门向驻北京的英、俄、法三国公使传达了日方和谈条约中的要求，以求列强出面调停，同时为了争取时间一直拖延谈判。对此日方不断催促："清方需在收到条约提案的一周之后，即 8 日尽早做出回应。"伊藤博文甚至曾向李经芳发出威胁：若谈判破裂，将即刻用运输船向征清大总督府运送士兵。

李鸿章一方面用电报与清廷联络沟通，另一方面打算在日方条件的基础上争取实现割地范围的缩小和赔偿金额的削减。尤其在4月10日的第五次谈判中，他提出了和谈条约的修正案，要求将赔款的总额由白银三亿两削减至两亿两，并减少土地割让的面积。对于这份条约修正案，伊藤博文摆出了完全拒绝的姿态。

4月中旬，为准备直隶决战，运送近卫师团、第四师团的运输船陆续通过了下关海峡。李鸿章目击了船队的这一行动，并向北京方面汇报了日军的威胁举动。清廷当时也得知了日军运输船抵达大连湾的消息，意识到日本是真的准备进攻北京了。事已至此，清廷只得接受日方提出的条件，打算结束这场战争。4月14日，接受和谈条件的指令以电报的形式传到了日本。

因此，4月15日的第六次谈判实际上宣告了和谈的结束。16日，双方的实务人员开始起草条约正文，并对日文、中文、英文的版本进行了查对。进而在17日的第七次谈判中，日方全权代表伊藤博文、陆奥宗光和中方全权代表李鸿章、李经芳正式缔结了《马关条约》。

双方签署的合约共11款，同时还附有一份议定书以阐述和谈条约的意义。此外，另有一份为保障条约实施而签订的"另约"和"停战展期专条"，前者规定了日方对山东威海卫的"保障性占领"，后者同意将停战截止日延长到交换批准书的5月8日。

该合约的要点可概括如下：

一、清政府承认朝鲜为独立国家。

二、将辽东半岛、台湾、澎湖列岛割让给日本。

三、作为军费赔款，支付库平银二亿两（约为当时的3.11亿日元）。

四、以清政府与欧洲各国的条约为基础，缔结《日清通商航海条约》，给予日本与欧美列强相同的通商特权，同时向日本增开沙市、重庆、苏州、杭州为通商口岸，开市开港，允许日本人在上述通商口岸投资设厂。

五、在条约批准后的三个月内，日军从占领地撤退，为保障清政府能够如实履行条约规定，日方将暂时占领威海卫以作保障。

除此之外，"另约"还对日军占领威海卫的各项条件进行了具体规定，"停战展期专条"则确认了停战时间将延长至两国交换批准书的5月8日。

4月20日，明治天皇正式批准了和谈条约及其附属文书，进而又于次日任命内阁书记官长伊东已代治作为全权办理大臣负责批准书的交换事宜。

三国干涉：俄、法、德三国干涉还辽

在《马关条约》缔结后的第六天，即4月23日傍晚，俄、法、德三国驻日公使拜访了日本外务省的外务次官林董。他们提出：日本占有辽东半岛不仅是对北京的威胁，更将使朝鲜的独立变得有名无实，是对东亚和平的妨碍，故要求日方放弃对辽东半岛的占领。这便是所谓的"三国干涉还辽"。那么，这次干涉行动是如何计划的？日本政府对此又是如何应对的呢？

在东亚地区有着重大利益的英国与俄国对于当时的甲午战争是

十分关注的。它们不仅为了避免双方开战而采取过调停行动，而且在开战之后还打算相互配合，使中日两国尽早和谈。俄国在日本已经确保胜局的 1895 年 2 月曾一度扩大了其太平洋舰队规模，并决意在日本对中提出过分要求时与英法一道采取措施。

在马关和谈开始之后，俄方通过清政府得知了日方的条件，遂于 4 月 8 日向列强提议"劝告日本放弃辽东半岛"。对此，德法两国表示了同意，但英国方面因不愿与日本对立，且得知和谈条件中涉及通商特权的扩大，故对干涉行动表示了拒绝。

对于一直以来共同行动的英国不参与干涉的决定，俄国是十分震惊的。俄国政府在 4 月 11 日召开特别会议，讨论在英国不参与干涉的情况下是否继续实施对日干涉。尼古拉二世的叔父、海军大将阿列克谢大公表示，对日本采取敌对行动将会使其成为俄国的强敌并与英国亲近。但俄国财政大臣维特提出的"以武力为后盾实施干涉，阻止日本侵入南满"的意见，得到了大多数人的支持。会议决定俄国继续干涉。在进行干涉后，长期以来对英国的介入保持警戒的日本开始转而警惕俄国，对其不信之感渐次增强。可以说阿列克谢大公的担忧最终变成了现实。

辽东半岛的返还和"卧薪尝胆"

在三国干涉的次日，即 4 月 24 日，伊藤博文、山县有朋陆相、西乡从道海相在广岛召开了御前会议。之后伊藤博文又在第二天专程前往神户，与正在舞子地区休养的陆奥宗光、外务省顾问亨利·丹尼森（Henry Willard Denison）、松方正义藏相、野村靖内相一道商讨了对策。结果他们确认，将依照陆奥宗光的意见

第六章　《马关条约》与侵占台湾

对清政府寸土不让并与三国展开交涉，以使其撤回或缓和干涉的要求。

当时的日本政府曾尝试过多种方案：①向英国、美国、意大利请求援助；②离间德国；③返还除金州厅（即旅顺、大连）以外的辽东半岛。但是这些措施收效甚微，且清政府提议延长条约的批准期限，故日方于5月4日最终决定接受三国的要求，并于8日与清政府交换了批准书。两国在重新交涉之后，于11月8日缔结了《辽南条约》及其附属议定书，规定清政府为此支付赎金3000万两库平银，日方可于1895年末之前从辽东撤兵。

由于日本政府对"三国干涉还辽"相关的情报采取保密措施，故日本民众是在5月10日明治天皇公布辽东半岛返还诏书之后才得知三国干涉一事。

不过，各家报纸都曾有过与列强干涉相关的文章记事。譬如在批判伊藤内阁的"对外强硬派"代表性刊物《日本》上，身处巴黎的池边三山曾用"铁昆仑"的笔名连载过"巴里通信"。他在2月的文章《须警惕英、俄、法的密约问题》（2月6日从巴黎发出，3月23日刊登）中就已对"英俄或将不承认日本占领辽东半岛"一事做出过预测。以此记事为前提，该报纸还刊载了三宅雪岭的《尝胆卧薪》（5月15日、27日）、陆羯南的《对辽东还地时局的私议》（5月27日），对伊藤内阁错误地估计了国际形势，实行了错误的外交政策须承担责任一事进行了猛烈的批判。事实上，当时对于伊藤内阁外交政策和陆奥宗光外交活动的批判在《日本》之外的报刊都可见到。

提出"尝胆卧薪"一词的三宅雪岭，原本并没有煽动对俄仇恨的意思。但这个词却在此后以"卧薪尝胆"的形式开始在日本社会广为流传，并进而偏离了其最初的意思，发展为鼓动对俄敌意、扩大军备的流行口号。

二　台湾的抗日斗争、朝鲜的义兵斗争

台湾总督府与"台湾民主国"

三国干涉导致日本不得不将辽东半岛归还给中国，故《马关条约》所割让的领土就只有台湾和澎湖列岛了。

日本政府当时任命了军令部长桦山资纪大将出任"台湾总督"，令其与北白川宫能久亲王中将率领的近卫师团一道前往台湾接收新的领土。桦山资纪本是萨摩藩藩士出身，在1874年出兵台湾之前曾有过赴台调查的经验。北白川宫能久亲王在幕末时期被称为"公现法亲王"，作为管理日光东照宫的"轮王寺宫"被派往关东地区。幕府倒台后他从江户逃出，成为反政府的"奥羽越列藩同盟"的精神领袖。此后却被政府军击败，在仙台藩宣布投降后他没有被严厉处分，而是被派至德国留学，成为继任北白川宫家的陆军军人。至甲午战争，他出任近卫师团的师团长。

在当时的台湾，拒绝服从日本侵占的丘逢甲等地方绅士曾向台湾巡抚唐景崧提议"宣布台湾独立"。唐景崧接受了这一建议，并在5月25日成立了"台湾民主国"，自任"总统"。他们将"虎旗"作为国旗，同时向法国为首的各国提出了求援与认可的请求，并决意武力抵抗日本的侵略。

第六章 《马关条约》与侵占台湾

桦山资纪当时接到了台湾"独立"的情报,但近卫师团却并没有改变接收台湾的计划。此时,该师团的步兵联队、炮兵联队分别由两个大队组成,故比起三个大队编成的通常联队兵力来说不但人员偏少,战斗力低下,而且对于事态的发展也过于乐观。

清政府派出的领土交接委员李经芳和桦山资纪一道,于6月2日在基隆附近的横滨丸上完成了"台湾交接"手续。此前,近卫师团在5月29日从基隆东面实施登陆,较为轻松地占领了基隆和台北。在台北被占前,唐景崧已经逃到了大陆。6月17日,日方在台北正式举行了"台湾总督府"的成立仪式。

然而在对新竹的进攻中,虽然近卫步兵第二联队于22日攻占了新竹,但在此之后遭到了抗日义勇军的反击,与台北司令部失去了联系。结果,他们改变了最初的作战方案,将原定从台湾南部登陆攻击台南的近卫第二旅团调回了台北。目的在于集中近卫师团的全部力量来稳定台北周边的治安,而后再实施南进。

黄昭堂曾在《台湾民主国研究》(1970)一书中将日本对台湾的攻防作战划分为三个阶段,并针对各阶段的抵抗主体和抵抗原因做出了如下说明。

第一阶段:从日军登陆到占领台北。第二阶段:开始"南进"的6月19日至彰化被占领的9月7日。第三阶段:从10月初到10月21日台南沦陷。

其中抵抗日军的主体,第一阶段主要是"台湾民主国"的军队,因为大多数士兵是从大陆招募而来,遭到日军的攻击后便逃回了大陆。第二阶段、第三阶段的抗日主力则是由村落、街镇士绅领导的台湾义军。并且在第三阶段,守卫台南的刘永福也参加了战斗。刘永福原本是武装抵抗清军的"黑旗军"领袖，归顺之后曾在中法战争时赴越南击败过法国军队，立下了赫赫战功。可以说"黑旗军"有着丰富的作战经验，他们不仅有抵抗日本的斗志，也成了台湾民众的精神支柱。

台湾民众的激烈武力反抗也有特殊的背景。在台湾民众中，来自对岸福建的人口比例最高，其次是客家人（有些属于福建人）。他们与台湾的少数民族、其他移居者进行了激烈的资源竞争，所以他们不仅有着非常强烈的乡土情怀，而且已经适应了长期的战斗生活。坚固的城墙、枪洞、箭楼武装的民家与浓密竹林包围的部落具备要塞般的防御功能。故日军一登陆台湾，在遭受"台湾民主国"及其拥护者抵抗的同时，亦面临当地民众的反抗。近卫师团当时遭到了预想之外的游击战袭扰，且由于无法区分抵抗者和非抵抗者而采取了杀戮、焚烧村落等行为。这种行为加剧了民众的恐惧与复仇心理，进一步引发了其抵抗行为，从而使日军在台湾的侵略与统治陷入了恶性循环。

日军的增派

由于在台北到新竹之间的广泛地区不断面对抵抗，桦山资纪曾向大本营请求过增兵支援。对此，大本营计划从第二师团抽出部队来组建混成第四旅团派往台湾。第四旅团长伏见宫贞爱亲王，正是近卫师团长北白川宫能久亲王的弟弟。

作为混成第四旅团的先遣队，步兵第十七联队于7月中旬开抵台北，剩余部队也在8月中旬之前到达。由于混成第四旅团承担了台北、基隆的警戒工作，近卫师团在此后得以专心应对抗日义勇军

第六章 《马关条约》与侵占台湾

的攻击，并在此后占领了台湾中部的彰化和鹿港。

步兵第十七联队大约有600名军夫，其长官是本书第五章提到的仙台出身的"千人长"细谷直英。该联队第二大队负责行李运输的军夫笹原嗣一郎，曾将其写给父亲的书信刊登在故乡的报纸《奥羽日日新闻》上。

笹原嗣一郎在书信中写道，自己到达台北之后发现，强大的敌兵潜伏于台北城外的山林中，每晚与近卫兵展开夜战，同时还对竹木繁茂的场景、富庶的农村进行了一番描述："菜场的蔬菜水果堆积如山，包括南瓜、茄子等物，西瓜更是大得惊人。"①

在此之后，笹原嗣一郎所属的部队于7月22日以两个中队的兵力袭击了台北附近村落的抗日武装。负责手枪弹药箱运输的他与野战步兵一道经历了此次实战。可以说在台湾的战斗中，军夫逐渐开始展现出类似辎重运输兵的职能。

对于当时抗日武装的战斗情况，笹原嗣一郎记载道："此等蛮贼化身农民或车夫藏身各处以暗中观察守备状态，并令女子窥探情报，通知各部……敌兵始终伪装为田地农民，待暗号一到便扔却农具，转而取出武器化为士兵展开袭扰。"② 当时的台湾抗日武装，正是这样藏身农村，男女皆兵，以游击战的方式展开抵抗的。对于跟随第二师团在山东半岛有过作战经验的笹原嗣一郎来说，在农村广阔、竹林密布的台湾进行的战斗是异常艰苦的。

由于兵力的递增，原本设计为民政组织的"台湾总督府"开

---

① 「笹原嗣一郎氏の書簡」『奥羽日日新聞』1895年8月20日。
② 「第十七連隊の戦況」『奥羽日日新聞』1895年8月17日。

始逐渐变身为开展殖民地战争的军政组织。"台湾总督府"麾下的兵力颇显庞大，包括近卫师团、第二师团、后备部队在内，野战兵约50000人，另有军夫26000人，合计76000人。此外还有马9400匹、徒步车辆3500台。不过，在激烈的军事作战、台湾风土病、疟疾、不卫生水质与食品、营养不良导致的脚气病等影响下，日军出现了大规模的人员伤亡。其伤亡数量甚至超过了整个甲午战争期间日军伤亡人数的一半。

对"南进"作战的激烈抵抗

占领彰化以后，日军组建了以攻占台南为目的的"南进军"。当时作为台湾总督，手握军事大权的桦山资纪是海军大将，指挥陆军的大规模作战并不擅长。故为了更好地指挥"南进军"，有过陆军大臣经验的陆军中将高岛鞆之助作为副总督被派往台湾。9月17日，他制订了台南进攻计划。

首先令近卫师团进攻嘉义，然后率"南进军"司令部在基隆登船，与混成第四旅团一同在布袋嘴附近登陆。进而让从辽东半岛金州赶来的第二师团主力由南面的枋寮登陆并进攻凤山、打狗（今高雄），由此形成对台南的三面包围态势。

9月27日，近卫师团开始动身南进，并于10月9日占领了嘉义。混成第四旅团在10月10日到达了布袋嘴，而第二师团主力则于11日开抵台湾最南部的枋寮，在海军的支援下开始实施登陆作业。接着，第二师团主力在16日前攻占了凤山、打狗两地，混成第四旅团也完成了全军登陆，开始对周边地区进行扫荡。与此同时，日军后勤部门亦在布袋嘴附近设立了大型后勤仓库，专门

第六章 《马关条约》与侵占台湾

从事粮草的运输。占领嘉义的近卫师团则继续向急水溪前进,并实现了与混成第四旅团的联系。由此,针对台南的三面包围网便告形成。

对于日军的进攻,台湾民众进行了激烈的抵抗。譬如,混成第四旅团所占之地乃是"南进军"的补给据点,集中了大量后勤部门的军夫、徒步车辆、输送工具等。抗日武装对这种小股部队和军夫专门策划过袭扰行动。为应对这一局面,高岛鞆之助10月14日对该混成旅团的长官下达指示:"为予以惩戒,须剿除朴子脚街以南、急水溪以北之间的所有匪贼。"这里所说的"朴子脚街以南、急水溪以北"地区,即混成旅团的全部占领地。据《日清战史》第七卷的相关记载,日军曾在此地区滥杀无辜、烧毁村落。

10月19日,日军所有部队开始合围台南。守卫台南的刘永福同日搭乘英国船只逃回大陆,日军第三旅团占领台南,"南进行动"由此结束。

《台湾平定宣言》之后仍未停止的战斗

占领台湾之后不久,近卫师团便开始准备返回日本。该师团最终在11月末自安平港出发,撤离了台湾。由于师团长北白川宫能亲王、第二旅团长山根信成少将此前已经病故,所以当时幸存的第一旅团长川村景明少将担任了师团长职务。该师团由于抗日武装的激烈抵抗、传染病的蔓延泛滥而遭受重创,故尽早返回已是刻不容缓。

在近卫师团离台之后,第二师团开始负责彰化、台中之间,大肚溪以南地区的警备工作；大肚溪以北地区则交由后备部队负责。借此，桦山资纪于11月18日向大本营做了"全岛归于平定"的报告，也就是所谓的《台湾平定宣言》。事实上，各地残存的抗日武装仍在此后不断进行抵抗与袭扰。

在"平定宣言"发布之后的11~12月，位于蕉坑庄、火烧庄的抗日武装就曾突袭过日军守卫队。他们以林李成、陈秋菊、胡嘉猷为首，组织起原来的士兵与民众，定下了夺回台北的计划。该抗日武装在12月31日一度将台北城团团围住。只是由于新竹的日军援兵于次日抵达，他们的包围行动仅持续了一天。不过，在其他抗日武装进攻的宜兰、顶双溪、瑞芳等东面地区，日军却因为数量偏少且孤立无援而陷入了苦战。恰巧此时第二师团的补充部队开抵基隆，才最终使其摆脱了危机。

深感兵力不足的桦山资纪于1896年1月2日向大本营提出了支援的请求。结果，从第四师团中抽调改编而成的混成第七旅团在11日到达基隆，完成了对宜兰地区抗日武装的镇压。此后，大本营为了守备台湾又在3月整编出了3个混成旅团，用以替换一直在台湾进行军事行动的第二师团、第二师团下属的后备部队和混成第七旅团，让这些部队得以回国休整。

即便如此，截至1896年春天，日军控制的地区仍旧只限于台湾西部。台湾南部的恒春以南、台湾东部、台湾少数民族生活的山岳地带都是未被占领的区域。为了镇压占领区的民众和继续进攻未占领的地区，台湾的战事在此后长期持续了下去。

直到第四任台湾总督儿玉源太郎、民政长官后藤新平强化了警力与保甲制度等传统连带责任制，使得抵抗武装彻底孤立无援之后，台湾民众的反抗才算基本平息，而日本对少数民族的镇压则一直持续到1905年才告结束。

闵妃杀害事件

在"三国干涉还辽"之后，朝鲜国内存在着两股势力：一部分以金弘集内阁为首，采取了亲近日本、配合日本实施内政干涉的政策；另一部分则与此相反，试图亲近俄国，而朝鲜国王高宗与闵妃正是亲俄派的支持者。

5月21日，第二次金弘集内阁由于金弘集与朴泳孝之间的对立而垮台。朴定阳在同月31日出面组阁，使朴泳孝取得实权并开始实施改革。但朴泳孝在此后因为被怀疑参与了暗杀闵妃的行动，不得已在7月6日亡命日本。这一系列的过程，导致了金弘集内阁的复活，即朝鲜于8月24日成立了第三次金弘集内阁。在该内阁中，"贞洞派"扮演着极为重要的角色。所谓的"贞洞派"，是指经常出入汉城"贞洞地区"俄国、美国公使馆的官僚。他们成立了与欧美外交官进行社交的团体"贞洞俱乐部"，而朝鲜国王、闵妃当时也参与其中。因此，第三次金弘集内阁任命美国人戴伊（William M. Dye）作为教官，创设了侍卫队。

另外，《马关条约》生效之后，日本政府在1895年6月4日的内阁会议上制定了《新对韩方针》。他们根据三国干涉之后的国际形势判断认为："在将来的对韩方针中，应尽量停止干涉行为，秉持朝鲜自立的方针。"意即确认，甲午战争期间露骨的内政干涉政策已不再可能，故须放弃垄断朝鲜铁路、电信利权的急躁冒进。结果，陆奥宗光在第二天便以身体抱恙为由赴大矶疗养，将外务工作临时交给了西园寺公望（一直持续到1896年4月）。

在以上的形势变化之中，驻朝公使井上馨6月1日返回了日本，向代理外相西园寺公望提交了一份意见书。意见书中提议：可从清政府的赔款中拿出一部分捐赠给朝鲜政府，同时返还部分电信线路。其目的自然是阻止朝鲜国王、闵妃的亲俄行为。井上馨与夫人井上武子7月20日回到汉城后，多次向朝鲜国王、闵妃提出了"愿意给予3000万日元的资助、返还电信线路"的想法，但却都以失败告终。结果，井上馨辞去了驻朝公使的职务。8月7日，当时的宫中顾问官、陆军中将三浦梧楼继任了驻朝公使，并于9月1日到达汉城。井上馨与其完成工作交接之后，9月21日便离开了朝鲜。

就在井上馨离开朝鲜两周之时，10月8日未明时分，闵妃杀害事件便发生了。其核心策划人正是三浦梧楼与杉村睿一等书记官。他们以铲除亲俄的闵妃为目的，令朝鲜政府顾问冈本柳之助率领领事馆官员、领事馆警察，以及熊本国权党党员、汉城日报社社长安达谦藏等日本民间浪人，由驻汉城后备步兵第十八大队（含三个中队）具体负责实施。

后备步兵第十八大队与禹范善带领的第二训练队会合之后，在光化门附近与朝鲜的训练队展开了激战，将对方联队长洪启薰击毙，打退了朝鲜侍卫队，从而侵入了王宫。负责王宫守备的训练队、侍卫队彻底丧失了战斗力，所以日本浪人与警察便一同冲了进去，将闵妃杀死，并将其尸体泼油焚烧。

三浦梧楼的计划是，把整个事件伪装成朝鲜政府内部的权力斗争和暗杀政变，将杀害闵妃的行动伪装为奉大院君所下达的指示。

第六章 《马关条约》与侵占台湾

但这一企图却最终破产了。接着，这种试图隐瞒详情的阴谋行径遭到了舆论非难。尤其是当时身在朝鲜的 The New York Herald 著名记者约翰·科克里尔（John Albert Cockerill）[①] 还将此事刊登在报纸之上，将日本的恶劣行径传达给了整个国际社会。

事后，日本政府召回了事件的参与者，并将三浦梧楼、49名民间人士送往广岛的地方法院接受预审，将8名军人送交第五师团军法会议。出乎意料的是，军法会议1896年1月竟然宣判8名军人无罪释放，地方法院虽然承认三浦梧楼等人与事件有关，但因为对杀害行动的具体经过感觉证据不足，也宣布所有人员免于起诉。

朝鲜在闵妃事件之后成立的第四次金弘集内阁也对此进行了法律裁决，最终宣判李周会等三名参与人犯罪，以便了却此事。

在学界以往对此事件的研究中，关于三浦梧楼、杉村濬两人采用"非常规"手段行动的具体原因并未完全明了。不过，金文子在近年的研究中得出过结论：事件的背后存在着日军大本营的阴谋，即试图采取措施确保对朝鲜电信线路的支配。尤其是时任参谋次长兼大本营兵站总监的川上操六，作为其中心人物策划了相关行动。三浦梧楼曾与川上操六进行联系，故为了助其实现相关的目标而最终制造了闵妃杀害事件。[②]

[①] 原 New York World 的著名编辑，甲午战争时期的 The New York Herald 与日本政府关系密切，曾为日本的旅顺屠杀事件做过辩护，属亲日报纸。
[②] 金文子『朝鮮王妃殺害と日本人——誰が仕込んで、誰が実行したのか』高文研、2009。

抗日义兵与"俄馆播迁"

日本政府派出的驻外公使居然在赴任国的首都公然杀害对方的王妃,这种令人瞠目结舌的恶劣行径自然遭到了国际社会的谴责。同时在朝鲜国内,由于"国母"被日本人杀害,民众均满腔愤懑,甚至对试图敷衍事件的金弘集内阁发出了责难。

然而,金弘集内阁却仍在继续推行近代化改革,如1895年12月30日颁布了《断发令》。民众对此强烈抗议,尤其是传统的儒学者批判称:身体发肤,受之父母,不可侵犯,《断发令》是对朝鲜传统礼数的破坏,与效仿西欧的倭寇并无二致。他们愤怒于王妃被害、《断发令》的颁布,遂以反日、反开化派为口号开始在各地组织抗日义兵斗争。

1896年2月,儒学界名士、"卫正斥邪论者"柳麟锡正式发起义兵斗争,向朝鲜各级官员、全国各地传布檄文,将抗日行动推向了全朝鲜。他呼吁作为儒学者的各级官员参与此次斗争,并在各地处决亲日分子、袭击日本官员和商人、捣毁电信线路和电线杆。当时积极响应并投身其间的除了普通民众外,亦有东学农民军的残余部队。

就在朝鲜政府忙于应对义兵斗争之际,曾遭第四次金弘集内阁排挤的"贞洞派"人物李范晋、李完用发动了武装政变。1896年2月11日,他们与俄国公使合作,由俄国水兵护送朝鲜国王到俄国公使馆,进而组建了以朴定阳为首的新内阁。这便是著名的"俄馆播迁"事件。当时朴定阳的新内阁颁布了逮捕令,将金弘集、郑秉夏、鱼允中等人抓获,这些人被愤怒的民众殴打致死。俞吉濬、张博、赵羲渊等人则亡命日本，金允植被流放到了济州岛。

由于亲日开化派被一扫而光，持续一年半时间的朝鲜甲午改革便宣告结束了。伴随着这一结果，日本对朝鲜的影响力一落千丈，俄国势力开始直接介入半岛政局。可以说，作为甲午战争主要目标的"朝鲜内政改革、日本秘密推行的朝鲜保护国化"政策在"三国干涉还辽""俄馆播迁"的影响下最终走向了失败。虽然日本通过甲午战争排除了清朝在朝鲜的势力，但其强化对朝支配权的愿望却化为泡影，甚至在此后还出现了俄国势力增强的恶果。

"俄馆播迁"事件以后，朝鲜国王曾为了劝说民众停止义兵斗争而派出过宣谕使，但这场斗争却并未因此停止，因为义兵们认为"亲俄派政权同样也是开化派政权"。直到日军守备队参与镇压，1896年5月在忠清道彻底击败柳麟锡的部队之后义兵斗争才渐入尾声，并于同年10月左右宣告平息，作为此次斗争原因的《断发令》则在1897年被取消。

终章　何谓"甲午战争"

战争的规模

在最后将要探讨的是"何谓甲午战争"的问题，即甲午战争的特征和对战后所造成的影响。进而以此为前提，本章将对战争的规模做一确认。

总体而言，当时日本陆军在平时有 7 个师团计 60000 余人，但因为战争期间的动员，兵力达到了 240616 人，其中投入到战场的 174017 人，留在国内的 66599 人；雇用了文职人员 6495 人，其中战场 4275 人、国内 2220 人；日籍军夫，即临时雇用的随军人员 153974 人。由于军夫是作为辎重兵的替身，大多在战场雇用，所以因甲午战争被动员的军人与随军人员共计约有 40 万人，其中投入战场的超过了 30 万人。

日俄战争中，在战地活动的日本陆军共有 945394 人、留在国内 143602 人，共计 1088996 人。此外还有战地随军人员 54295 人、国内留守人员 99881 人，共计 154176 人。换言之，参与日俄战争的陆军军人与随军人员总计 1243172 人、战地人员为 999689 人。[①]

[①] 大江志乃夫『日露戦争参与陸軍軍人軍属』岩波書店、1976；大江志乃夫『日露戦争の軍事史的研究』岩波書店、1976。

终章　何谓"甲午战争"

若将甲午战争与日俄战争的参与人数及战场人数进行比较，可以发现前者达到了后者的30%。甲午战争的规模之大是令人意外的。

从1894年7月25日至1895年11月18日日本陆军的伤亡人数来看，当时的死者共有13488人，另有因负伤、疾病所造成的障碍等理由而退役或免除兵役的人员，即"免服役者"3794人。在死亡原因中，战死、负伤而死的比例约占10%，而病死的比例则高达88%，故可认为甲午战争乃是一场与病魔的殊死搏斗。

在这些疾病中，造成死亡人数最多的依次为脚气、赤痢、疟疾、霍乱，此外冻伤的人也非常多。由于并不包括死去的军夫，故若将估测的约7000名死亡军夫的人数算进去，死者数量将会超过两万人。[1]

当时的中国陆军，有作为正规军的八旗（20万人）和绿营（50万人）。但因为军纪混乱而缺乏战斗力，取而代之成为陆军实际战斗力量的是"勇军"，[2] 以及从八旗和绿营中选拔出来进行训练的"练军"，总数约为35万人。再加上开战之后新招募的约63万名士兵，中国方面合计约有98万名具备战斗力的陆军士兵。

北洋大臣李鸿章亲率的3万名北洋陆军与东北三省的5000名练军都配备了新式武器，是最为精锐的部队。以此为核心，清军曾在朝鲜、九连城、旅顺与日军形成过对峙之势。但在旅顺失陷之后，李鸿章被剥夺了北洋陆军的统帅权，山海关外所有军队的指挥权都被转交给了刘坤一。所以在1895年2月，刘坤一与宋庆在辽

---

[1] 桑田悦他编『日本の戦争』原書房、1982。
[2] 勇军亦称"乡勇"。

河下游率领的清军共约 8.5 万人，同时直隶还有约 20 万人的作战部队。

目前关于清军的死伤数量尚无可靠的统计。原田敬一曾对朝鲜、中国的正规军与台湾抗日义勇军的战斗进行过测算，推测当时的战死人数约为 3 万人。[①] 若加上病死者的数量，其人数应该会更多一些。

海军方面，当时中国海军共有军舰 82 艘、鱼雷艇 25 艘，共计 8.5 万吨。这比日本海军的军舰 28 艘、鱼雷艇 24 艘，共计 5.9 万吨更为强大。

然而，日方多为新式舰艇。中国海军虽有定远、镇远两大战舰，但旧式军舰颇多且划分为北洋海军、南洋海军、福建海军和广东海军，分别交由北洋大臣、南洋大臣、闽浙总督和两广总督指挥，未形成统一的作战机制。结果导致参加甲午战争的部队仅有李鸿章指挥的北洋海军以及广东海军的广甲、广乙、广丙 3 艘战舰而已。其规模为军舰 25 艘、鱼雷艇 12 艘，共 4.4 万吨。这种对日本海军的数量劣势正是中国战败的原因之一。

开战国与战争的持续时间

长期以来，大家都认为甲午战争中日本的交战国是中国，其开端为 1894 年 8 月 1 日的宣战布告，终结的标志为 1895 年 4 月 17 日《马关条约》的缔结，但这种教科书般的旧式认识可以说是错误的。

正如前述，日本在起草宣战诏书的过程中曾出现过"开战对

---

① 原田敬一『日清戦争——戦争の日本史 19』吉川弘文館、2008。

终章 何谓"甲午战争"

象究竟是中国还是中国与朝鲜"的意见分歧。之所以纠结于这个问题，乃是因为日本在1894年7月23日曾与朝鲜军队交战并占领了朝鲜王宫。

进而在同日，日本的联合舰队从佐世保军港出发，并于7月25日发起了丰岛海战。为了让各国保持局外中立，日方还于7月31日发出过交战声明。虽然宣战诏书的日期是8月1日，但由于起草过程中出现了分歧并发生了延误，故实际发布的日期应为8月2日。且因为日本在9月10日的内阁会议上曾确认7月25日为开战日，所以7月23日与朝鲜的战斗就被排除出了"甲午战争"的范畴而被忽视。

在战争结束的时间上同样是存有疑问的。1895年4月17日缔结条约后，因有三国干涉、归还辽东半岛等事，故交换条约的批准书是在5月8日进行的。一般来说，这应该意味着战争的正式结束。但此时台湾出现了"台湾民主国"，且自5月末开始，率领近卫师团前往接收台湾的桦山资纪总督与"台湾民主国"的军队、台湾居民组织的抗日义勇军又开始了战斗。

"台湾民主国"虽在短时间内就覆亡了，但抗日义勇军却持续抗战，导致日方不得不派遣第二师团前往增援。桦山资纪当时判断认为占领台南后扫荡战就已告结，故于11月18日公开宣布完成了台湾的平定。但此后仍有战斗发生，近卫师团直到12月才返回国内，而第二师团则一直等到1896年3月成立了台湾守备混成旅团（含三个旅团）之后才启程回国，并最终于4月末至5月初回到了仙台、新发田、青森等营地。同时，在1894年6月5日设立的日军大本营也于1896年4月1日撤销，从而在法理上正式宣告了战争状态的终结。

那么从上述战争爆发、经过、终结等角度,能够对甲午战争的对象国和交战时间做出怎样的理解呢?笔者拟在此参考桧山幸夫和原田敬一等甲午战争研究学者的意见展开进一步的分析。

桧山幸夫曾在其研究中提出,1894年7月23日和25日分别是"日朝战争"和"日清战争"的起点,它们都在条约签署之后告结,所以在1895年5月末以后与台湾居民的交战应被定义为"日台战争",它一直持续到了1896年4月1日大本营撤销之时。①

原田敬一则基于桧山幸夫和斋藤圣二的研究,认为甲午战争在广义上应将"7月23日战争"②和"台湾征服战争"包含进去,故其爆发时间为1894年7月23日,并在"台湾征服战争"告一段落、大本营宣告撤销的1896年4月1日结束。③

因此,上述两者的结论加以整理后可归纳为:①甲午战争是包括对朝作战、对清作战以及对台湾民众作战的、交战对象各不相同的复合型战争。其中,对朝作战可被称为"日朝战争或7月23日战争",对台湾居民的作战可被称为"日台战争或台湾征服战争"。②战争的时间,从1894年7月23日一直持续到了1896年3月末或4月1日。

若对这些结论加以分析,可以看到两人曾尝试在研究日本军事

---

① 檜山幸夫『日清戦争——秘蔵写真が明かす真実』講談社、1997;檜山幸夫「日台戦争論——台湾接収時における台湾での戦争の呼称問題を中心に」檜山幸夫編『帝国日本の展開と台湾』創泉堂、2011。
② 即对桧山幸夫提出的"日朝战争"进行了名称上的变更。
③ 原田敬一『日清戦争——戦争の日本史19』。

法制的过程中考虑将战时与平时加以区分对待。虽然在探讨"甲午战争对于日本之意义"时这一视角是不可或缺的，但从抵抗者的角度来看却似乎并非如此。

譬如，1896年4月以后所爆发的与台湾民众的战斗，对于日方来说或许只是平时的治安活动，但作为抵抗者的台湾却将其理解为战争的延续和对侵略者的武装抗争。

此外，朝鲜的东学农民军曾在全州合约后暂停了与政府军的交战，并在同年秋季与大院君发生联系，再次举兵发起了第二次农民战争，其出兵目的从"反闵氏政权"向反日、反开化派政权变化。结果在日军守备队与朝鲜政府军的猛攻之下，有30000名或50000名朝鲜农民被杀害。由此，韩国方面的历史学者似乎更愿意认为1894年7月23日的日朝战争、第二次农民战争，以及此后的义兵斗争都应纳入对日作战的范畴。若从这一角度来思考，那么日朝之间的战争绝非仅有7月23日的那场战斗，而是理应横跨整个甲午战争时期，甚至可以说是在甲午战争结束之后仍在持续的长期性战争。

因此基于以上对研究现状的分析，笔者大致能够得出如下见解。

广义的甲午战争，是一场涉及三个交战对象与交战地区的复合型战争，其爆发的契机是1894年7月23日日军对朝鲜王宫的攻占。

在战争终结时间的问题上，对华作战以1895年3月30日的休战条约为标志宣告结束，而其法理上的终结则是同年5月《马关条约》的签署与批准文书的交换。不过，对朝作战与对台湾作战在现实中却并未因为《马关条约》的签订、11月18日的《台湾平定宣言》抑或是1896年4月1日大本营的撤销而真正告结。虽然这些战斗在形式发生了改变，但在本质上仍是此前战争的延续。

有位英国军事史学家曾指出，在维多利亚女王统治的时代，英国每年都会面临地区纷争或殖民地战争，正是这些"小规模战争"（Little Wars）的累积，造就了大英帝国。

在甲午战争的过程中，日本不仅经受了正规战的考验，而且还在朝鲜与台湾作为入侵者与当地的抵抗力量发生过武装交火。由于这些抵抗在此后仍长期持续，故广义的甲午战争最终成了一场终止时间模糊不清的大战。

究竟是谁，出于何种理由决定开战的？

本书在第二章中曾详细探讨过甲午战争的开战经过及其原因，在此想不厌其烦地再做一次简单的回顾。

战争爆发前，在日中两国军事力量的消长变化下，日本国内要求打破天津条约体制，颠覆中国在朝优势地位的呼声逐渐高涨。首相伊藤博文亦以此认识为背景形成了日中共同改革朝鲜内政的构想。这些都与1894年6月2日内阁会议"派遣混成第九旅团入朝"的决定形成了密切关联。

第二次伊藤内阁当时在修改条约的问题上遭到了对外强硬派的攻击，连续两次解散了众议院并面临内政危机。对于伊藤博文来说，在6月2日前后做出的派兵决定既不是为了对华开战，也不是为了应对总选举而谋划的对外行动。然而，一旦向朝鲜派出大规模的武装力量①并试图凌驾于中国之上，就势必会以此为契机引发国

---

① 即以战时编制组建8000人以上的混成旅团。

终章 何谓"甲午战争"

内对中、对朝强硬论的高涨,从而导致伊藤内阁无法实现撤兵,不得不最终选择了开战之路。

同时在日本政权的内部,也存在着以参谋次长川上操六为中心的陆军势力和内阁中外务大臣陆奥宗光等人的对华开战主张。陆军方面一直为战争做着准备,故要求开战是可以想象的;而陆奥宗光则是因为在此前负责的修约问题上犯下了错误,所以才会为了脱离困境、维持其政治生命而要求对外采取行动、对内附和强硬论者,从而被动地走向了开战论。

然而,川上操六或陆奥宗光却无法为开战做最终决定,它需要当时的首相且身为藩阀势力中心人物的伊藤博文来决断。在这一层意义上说,伊藤博文的开战责任应是最大的。

尽管如此,伊藤博文当时考虑的却是对华协调的方针。故怂恿其最终做决断的政府内部开战论者川上操六和陆奥宗光,以及众议院中占据多数席位的对外强硬派、投其选票的日本国民、鼓吹强硬论的舆论媒体也应负有相当之责任。虽然对于伊藤内阁所谋求的秘密外交与藩阀战争,对外强硬派与舆论媒体都是持批判态度的,但他们却在国民的支持下鼓吹了开战,并在此后的选举中得到了自由党的协助。当然,追求政治民主化的在野势力也存在不同的声音,然而其主流却仍是比藩阀政府更具侵略性的主张。

幼稚的战时外交

关于甲午战争中的外交问题,陆奥宗光所著的《蹇蹇录》是最为重要的史料。该书宣扬了他在《日英通商航海条约》缔结、日中开战、《马关条约》谈判,以及"三国干涉还辽"过程中的伟大功绩与卓越能力，宣告了所谓"陆奥神话"的诞生。

但正如不少人所指出的那样，自传或回忆录时常会带有自我辩解和吹嘘的成分。《蹇蹇录》的这一倾向是极为明显的。前面曾提到，此时期有很多人对陆奥宗光的修约交涉大肆批判。如果没有甲午战争的爆发，极有可能出现更为猛烈的攻击，譬如"在1894年7月签署的《日英通商航海条约》中，对英方的让步实在是太大了"等。

除了修约交涉之外，在第二次伊藤内阁时期，陆奥宗光关于甲午战争的外交政策实际上也是颇显拙劣的。虽然时至今日仍有部分人在称颂着"陆奥神话"，但不得不说其学理依据实在是太过薄弱了。

可以认为，陆奥宗光实施的战时外交主要存在如下几个问题。第一，英俄两国在东亚有着极大的影响力，由于不顾它们劝阻强行开战，故日本未能得到强援；第二，在取胜之后，屈从于日本陆军、海军、民间提出的过分领土要求，将其写入和谈条约的提案；第三，对于事先已可预料的三国干涉行动，采取了拙劣的应对方法。虽然他在《蹇蹇录》中反复进行了辩解，但显然是缺乏说服力的。

甲午战争中日本最大的失败体现在朝鲜问题上。以侵占朝鲜王宫的形式发起了战争；在战争中对朝鲜统治阶级与农民的反日运动实施镇压，导致其国内各界的反日情绪日趋扩大；在"三国干涉还辽"、闵妃暗杀事件之后日本的影响力有所下降，结果朝方出现了反日亲俄派政权等，都属于其外交的恶果。而且这些对朝问题，实际上也是日本政府、军队整体的政策性失败，外相陆奥宗光作为其中的一员理应负有责任。

另外，在战事结束后清政府为与日本对抗开始向俄国靠拢，从而使俄国相继获得了中东铁路铺设权和旅顺、大连的租借权，以及"南满洲铁路"的铺设权。因此，正如当时川崎三郎在其著作《日清战史》中所主张的那样，甲午战争是一场在外交上遭遇失败的战争，陆奥宗光作为彼时的外务大臣负有不可推卸的责任。

以国家命运相赌而发动战争，却在战时外交中尽显拙劣，究其原因，除了陆奥宗光个人能力不足之外，还可认为存在两个因素：第一，由于存在着"仅将修约问题作为重要外交事务"的时代局限性，当时的日本并不存在真正意义上拥有战时外交经验的政治家；第二，因日本外交官的培养机制尚未建成，为决策者提供支援与协助的外交官员也存在能力上的问题。

故可以说，以甲午战争中的这些经验教训为基础，在1900年义和团事件导致俄军侵入"满洲"之后，日本开始了对"构筑多边同盟、协约关系"的摸索，直至1902年才以日英同盟的形式首次与西方列强形成了同盟关系。

艰难的战争指导

正如前述，日军大本营对战争所做的指导与指挥主要是在参谋次长川上操六的主导下进行的。但事实上川上操六当时由于不得不将指挥权交给山县有朋、大山岩等陆军元老，以及野津道贯、山地元治、桂太郎等前辈或同辈，对自己的备受限制是苦恼不已的。在其传记《陆军大将川上操六》中曾有记载，"时而为彼等掣肘，时而为排挤而苦心"，在克服此等困难后"终能统括全局而获最后之捷利"。可以想象，川上操六当时的努力与艰辛是颇为巨大的。实际上，大本营的战争指导却并未因此而得到很好的贯彻。

在本书前面所提到的一些事例中，第三师团长桂太郎的多次擅自行动便是一个典型。在桂太郎前往名古屋赴任第三师团长后利用闲暇所写的自传中，他曾有过对西南战争以来日本陆军之混乱的感慨，进而表示自己若是陆军省总务局长或陆军次官，一定会改革陆军军政，将"命令的顺利下达"摆在最优先的位置。然而他自己却在亲身奔赴战场之后毫无保留地表现出了与其他司令官的对抗意识，甚至无视大本营的作战指挥而擅自行动。

更大的问题出现在川上操六身上。他曾与寺内正毅、儿玉源太郎等人合作，实现了兵力动员、船舶动员等运输工作，完成了从釜山贯穿整个朝鲜直达中国东北的补给线路、电报线路的保障工作，作为军事官员来说其业务能力不可谓不高。但是，了解其此后所致恶果的历史研究者却不得不对此予以批判。

1894年秋季在朝鲜爆发的第二次农民战争曾破坏了这些补给线与电报线。对此，川上操六下达的命令竟是将东学农民军及对其进行支援的朝鲜农民全部赶尽杀绝，结果导致朝鲜的反日情绪越发高涨，并最终发展为日本对朝工作的失败。

此外，川上操六在割让辽东半岛、实施直隶决战的问题上也极为固执，这成为"三国干涉还辽"的契机。在能够预想到列强干涉等复杂国际形势下，仍然执意发动直隶决战这一积极进攻计划，最终导致日本的本土防卫一度濒临险境。这些都是川上在战争指导上的问题。

在甲午战争中，伊藤博文与第二军司令官大山岩等人更能够把握战争的总体趋势并实施决策，而原本能力不逊色多少的陆奥宗光与川上操六却始终无法在决策中高瞻远瞩。带有这种直观印象的或许并非只有笔者一人。

军费与甲午战争后的发展

本书几乎未做经济方面的分析，故在最后参考经济史学家石井宽治的研究，对甲午战争的经济问题做一概论。

甲午战争期间，日本临时军费特别结算中的支出额为：陆军省1.6452亿日元，海军省3596万日元，合计2.0048亿日元。鉴于战争前夕的1893年正常结算中的年度军费开支为8452万日元，可认为当时的军费实际为平时年度开支的近三倍。

为了筹措这笔军费，日本政府在国内发行了总额为1.5575亿日元的公债，其中有1.168亿日元被编入临时军费特别结算的年度收入中。因普遍担心民营经济遭到压迫，当时的实业界曾提出过募集海外公债的主张，但大藏大臣渡边国武在前任松方正义的授意下最终坚持了国内公债的决策。在发行公债之际，渡边国武曾将全国的银行家邀至大藏省以寻求协助，且在此后通过"府县知事、郡长、町村长"的行政渠道略带强制性地付诸了实施。

关于通过行政渠道分配任务的问题，本书曾在第五章介绍福岛县厅文书《义勇奉公录》和《二十七八年功劳者调查文件》时有过涉及。即福岛县曾依照动员人马、发行军事公债的程度差异来判定各町村长对战争所做的贡献。此时期作为日本银行下关分行行长的高桥是清，亦曾对当时募集公债的实际情形有过"恰如封建时代收取军用资金的套路"之类的回忆。[①]

通过《马关条约》，日本从清政府那里得到了2亿两白银（3.11亿日元）的军事赔款，继而又获得了3000万两白银（4500万日元）的"赎辽费"。也就是说，由于战争的胜利，日本总共得到了2.3亿两白银（3.56亿日元）的资金。鉴于当时日本临时军费特别结算的年度支出为2亿多日元，可以认为甲午战争亦是一场经济获利的战争。而清政府则由于无力支付这笔赔款，进一步陷入依赖外债的泥沼之中。

在此之后，松方正义重回大藏大臣之位，在"为战后的继续发展出谋划策"的问题上被寄予厚望。他打算利用这笔巨额赔款，一方面以俄国为假想敌实施扩军准备，另一方面在铁路、通信网等产业基础设施建设上谋求发展，并在两者间取得平衡。但此计划却由于陆海军提出过于庞大的扩军要求而遭遇了挫折，结果松方正义只得辞职。

当时日本陆军所提出的扩军预算案为：将以往的7个师团扩编为13个师团，且为适应大陆作战的需要，另增两个独立骑兵旅团、两个独立炮兵旅团。而海军则主张建设一支远超甲午战争规模的世界水平舰队，它们将以6艘12000～15000吨的铁甲战舰、6艘一等巡洋舰为战斗主力。

若要实现这一庞大规模的扩军计划，巨额资金自然是必不可少

---

① 高橋是清『高橋是清自伝』中央公論社、1976。

的。当时海军要求的扩军费为"十年共 2.131 亿日元",陆军为"七年共 8168 万日元",总计达到了 2.9478 亿日元。结果,在松方正义辞职后再度接任的渡边国武对陆海军的要求近乎全盘接受,制订出了共计 2.77 亿日元的扩军计划,这意味着这笔巨额赔款中的约 80% 被用来实施扩军。

为了能够实现这一脱离现实的扩军计划,同时兼顾产业基础设施建设,日本政府在对内发行国债的同时,亦在 1898 年末增收了地租,并被迫于次年募集了 1000 万英镑即 1 亿日元的海外公债。但由于 1900 年、1901 年出现经济危机,国债的发行在此后开始迟滞不前,行政财政的完善及公债支办的工作也不得不宣告中止或延迟。结果在甲午战争之后的日本,为推进庞大的扩军行动,曾被寄予厚望的产业发展变得极不充分。①

藩阀政府对于过度的军备扩张感到独木难支,也开始考虑寻求众议院民选政党的配合与支持。

大部分民选政党战前曾主张"节俭政费、休养民力",却在战后被胜利冲昏了头脑,对政府与军队向亚洲的军事侵略计划表示了赞同,批准了增税的方案和公债的发行。作为报酬,他们获得了较甲午战争以前更为巩固的地位,强化了与藩阀政府的合作,得到了参与行政的机会。

故可以说,甲午战争以后,日本在推进经济近代化的同时,也进入了一个军国主义化与政治民主化并行推进的时代。

---

① 石井寛治『日本の産業革命——日清・日露戦争から考える』講談社、2012。

而推选民党、投票将民党议员送入国会的日本国民中，有的作为士兵、军夫直接参与了战争，有的则留在国内进行军需后勤的生产，通过媒体的宣传以另一种方式经历了战争。通过这些"战争经历"，以及战后对战死者的追悼、战争中对"军人天皇"的崇拜，他们最终完成了向日本近代"国民"的蜕变。

参考文献

史　料

有賀長雄『日清戦役国際法論』哲学書院、1896。

岡部牧夫「一兵士の見た日清戦争」『創文』124～128号、1973～1974。

海軍軍令部編『廿七八年海戦史』上下巻・別巻、春陽堂、1905。

小川幸三郎「征清日誌」千葉県編『千葉県の歴史』資料編・近現代一、1996。

佐々木揚編訳『一九世紀末におけるロシアと中国――「クラースヌィ・アルヒーフ」所収史料より』巌南堂書店、1993。

参謀本部編『陸海軍聯合大演習記事』、1890。

参謀本部編『明治二十七八年日清戦史』全八巻・別巻、東京印刷株式会社、1904～1907、ゆまに書房1998年复制版。

関根房次郎「征清従軍日記」一ノ瀬俊也『旅順と南京――日中五十年戦争の起源』文藝春秋、2007。

野津道貫『明治二十七八年陣中日記』日本国立国会图书馆宪政资料室藏。

211

浜本利三郎「日清戦闘実験録」地主愛子編『日清戦争従軍秘録——八〇年目に公開する、その因果関係』青春出版社、1972。
陸奥宗光『蹇蹇録新訂』中塚明校注、岩波書店、1983。
森部静夫『征清日記』福岡市立図書館蔵『森部静夫文書』。
渡辺重綱『征清紀行』私家版、1896。

论　著

朝日新聞百年史編修委員会編『朝日新聞社史・明治篇』朝日新聞社、1990。
有山輝雄『徳富蘇峰と国民新聞』吉川弘文館、1992。
有山輝雄『陸羯南』吉川弘文館、2007。
飯塚一幸「日清戦争論の現在——帝国化の起点をめぐって」『グローバルヒストリーと帝国』大阪大学出版会、2013。
生田惇『日本陸軍史』教育社、1980。
石井寛治『日本の産業革命——日清・日露戦争から考える』講談社、2012。
伊藤之雄『立憲国家の確立と伊藤博文』吉川弘文館、1999。
伊藤之雄『伊藤博文——近代日本を創った男』講談社、2009。
伊藤之雄『山県有朋——愚直な権力者の生涯』文藝春秋、2009。
乾照夫「軍夫となった自由党壮士——神奈川県出身の『玉組』軍夫を中心に」『地方史研究』1982年第32巻第3号。
井上勝生『明治日本の植民地支配——北海道から朝鮮へ』岩波

書店、2013。

井上祐子『日清・日露戦争と写真報道——戦場を駆ける写真師たち』吉川弘文館、2012。

後田多敦「亀川党・黒党・黒頑派——琉球併合に抗する思想と行動」『歴史評論』692号、2007。

海野福寿『日清・日露戦争』集英社、1992。

大石一男『条約改正交渉史——1887～1894』思文閣、2008。

大江志乃夫『日露戦争の軍事史的研究』岩波書店、1976。

大沢博明「『征清用兵隔壁聴談』と日清戦争研究」『熊本法学』122号、2011。

大沢博明『近代日本の東アジア政策と軍事』成文堂、2001。

大谷正『近代日本の対外宣伝』研文出版、1994。

大谷正「旅順虐殺事件再考」『ヒストリア』1995年第147号。

大谷正「新聞記者たちの日清戦争」『専修大学人文科学年報』25号、1995。

大谷正「川崎三郎小論——忘れられたアジア主義者・ジャーナリスト・史論家」大阪大学文学部日本史研究室編『近世近代の地域と権力』清文堂、1998。

大谷正『兵士と軍夫の日清戦争——戦場からの手紙をよむ』有志舎、2006。

大谷正「日清戦争報道とグラフィック・メディア——従軍した記者・画工・写真師を中心に」『メディア史研究』21号、2006。

大谷正「ある軍医の日清戦争体験と対清国観」『専修法学論集』96号、2006。

大谷正「仙台地域の西南戦争関係資料と『仙台新聞』西南戦争関係記事」科学研究報告書『西南戦争に関する記録の実態調査とその分析・活用についての研究』、2012。

大谷正「日清戦争」明治維新史学会編『講座 明治維新5・立憲制と帝国への道』有志舎、2012。

岡本隆司『世界のなかの日清韓関係史——交隣と属国、自由と独立』講談社、2008。

岡本隆司『李鴻章——東アジアの近代』岩波書店、2011。

沖縄県教育委員会編『沖縄県史第一巻・通史』1976。

尾崎庸介「一八九〇年代におけるイギリスの東アジア政策と中国戦隊——中国戦隊司令官フリーマントルからみた日清戦争」『政治経済史学』512号、2009。

小野秀雄『日本新聞発達史』大阪毎日新聞社、1922。

川崎三郎（紫山）的『日清戦史』全七巻、博文館、1896～1897。

川島真・服部龍二編『東アジア国際政治史』名古屋大学出版会、2007。

关捷主编《旅顺大屠杀研究》，社会科学文献出版社，2004。

关捷主编《中日甲午战争全史》，吉林人民出版社，2005。

姜徳相『錦絵の中の朝鮮と中国——幕末・明治の日本人のまなざし』岩波書店、2007。

木下直之『写真画論——写真と絵画の結婚』岩波書店、1996。

金文子『朝鮮王妃殺害と日本人——誰が仕組んで、誰が実行したのか』高文研、2009。

木村幹『高宗・閔妃——然らば致し方なし』ミネルヴァ書房、

2007。

宮内庁編『明治天皇紀』第八・第九、吉川弘文館、1973。

久保田米僊『米僊画談』松邑三松堂、1901。

桑田悦他編『日本の戦争——図解とデータ』原書房、1982。

桑田悦他編『近代日本戦争史・第一編日清・日露戦争』同台経済懇話会、1995。

黄昭堂『台湾民主国の研究——台湾独立運動史の一断章』東京大学出版会、1970。

小林道彦『桂太郎——予が生命は政治である』ミネルヴァ書房、2006。

小林道彦『児玉源太郎——そこから旅順港は見えるか』ミネルヴァ書房、2012。

小宮一夫『条約改正と国内政治』吉川弘文館、2001。

斎藤聖二『日清戦争の軍事戦略』芙蓉書房出版、2003。

酒井敏「〈勇士〉の肖像——『日清戦争実記』と読者」『日本近代文学』67号、2002。

坂野正高『近代中国政治外交史——ヴァスコ・ダ・ガマから五四運動まで』東京大学出版会、1973。

佐藤清彦『奇人・小川定明の生涯』朝日新聞社、1992。

篠原昌人『陸軍戦略の先駆者小川又次』芙蓉書房出版、2000。

高橋秀直『日清戦争への道』東京創元社、1995。

田保橋潔『日清戦役外交史の研究』刀江書院、1951。

千葉功『旧外交の形成——日本外交1900~1919』勁草書房、2008。

千葉功『桂太郎——外に帝国主義、内に立憲主義』中央公論新社、2012。

趙景達『異端の民衆反乱——東学と甲午農民戦争』岩波書店、1998。

趙景達『近代朝鮮と日本』岩波書店、2012。

趙景達編『近代日朝関係史』有志舎、2012。

津田茂麿『明治聖上と臣高行』1935、原書房、2005年復刻。

土屋新之助『立見大将伝』日正社、1928。

鶴岡静夫『知らざる裁判干渉——李鴻章狙撃事件裁判』雄山閣、1974。

徳富猪一郎編『公爵桂太郎伝』乾坤巻、故桂公爵記念事業会、1917。

徳富猪一郎『蘇峰自伝』中央公論社、1935。

徳富蘇峰『陸軍大将川上操六』薩藩史研究会、1942。

中塚明『日清戦争の研究』青木書店、1968。

中塚明『「蹇蹇録」の世界』みすず書房、1992。

中塚明『歴史の偽造をただす——戦史から消された日本軍の「朝鮮王宮占領」』高文研、1997。

中塚明・井上勝生・朴孟洙『東学農民戦争と日本——もう一つの日清戦争』高文研、2013。

西川誠『明治天皇の大日本帝国』講談社、2011。

朴宗根『日清戦争と朝鮮』青木書店、1982。

原田敬一・大谷正編『日清戦争の社会史——「文明戦争」と民衆』フォーラム・A、1994。

原田敬一「混成第九旅団の日清戦争——新出史料の『従軍日誌』に基づいて」一〜三『仏教大学歴史学部論集』1〜3号、2011〜2013。

原田敬一『日清戦争——戦争の日本史19』吉川弘文館、2008。

原暉之『ウラジオストク物語——ロシアとアジアが交わる街』三省堂、1998。

檜山幸夫「日清戦争宣戦詔勅草案の検討——戦争相手国規定の変移を中心に」『古文書研究』13、15号、1979〜1980。

檜山幸夫『日清戦争——秘蔵写真が明かす真実』講談社、1997。

檜山幸夫「日台戦争論——台湾接収時における台湾での戦争の呼称問題を中心に」檜山幸夫編著『帝国日本の展開と台湾』創泉堂出版、2011。

広島県編『広島県史通史編Ⅴ近代1』、1980。

福永知代「久保田米僊の画業に関する基礎的研究（2）——久保田米僊と日清戦争」『お茶の水大学人文科学紀要』57巻、2004。

藤村道生『日清戦争——東アジア近代史の転換点』岩波書店、1973。

堀口修「日清戦争における言論統制について」『中央大学大学院研究年報』11号、1982。

松沢裕作『町村合併から生まれた日本近代——明治の経験』講談社、2013。

三谷博・並木頼寿・月脚達彦編『大人のための近現代史・十九世紀編』東京大学出版会、2009。

室山義正『近代日本の軍事と財政——海軍拡張をめぐる政策形成過程』東京大学出版会、1984。

森松俊夫『大本営』吉川弘文館、2013。

Farwell, B. *Queen Victoria's Little Wars.* Chatham, Wordsworth Edition, 1999.

译后记

我是在2018年初回湖南老家探亲的途中接到此次翻译任务的。得知是大谷正教授的《甲午战争》一书，我备感兴奋。因为早在赴日留学期间我就曾多次拜读大谷教授的著作与论文，对其治学之严谨、学术水平之高深十分钦佩，另一方面我自己最近一段时间的研究工作也与日本明治时期的政治外交多有关联，这是一次宝贵的学习机会。

本书的原著，日文名为『日清戦争』，是大谷教授于2014年6月在中央公论新社出版的。书中运用大量翔实可靠的文献档案与参考资料对既往研究进行了补充、修订与完善，进而对战争前、战争中、战争后各当事国的具体情况展开了详细的介绍与分析。不仅为读者还原了诸多历史事实，使时局的推移与发展过程变得有血有肉、栩栩如生，而且也为相关研究的进一步发展提供了丰富的参考线索与思考路径。可谓日本学界近年之力作。

若翻阅此书便可发现，大谷教授切入课题的视角并非单一，涉及了政治史、外交史、军事史、媒体史等多个领域的问题，甚至针对战争的称谓与概念内涵展开了深入的讨论。这或许会让读者在刚进入阅读时产生疑问：为何非要在甲午战争的称谓上如此纠结，甚至为此花费大量笔墨？但随着阅读的深入却可以发现，对这一问题的探讨实则与战争性质的判断密切相关。因为从空间维度来看，战争所牵涉的国家并非局限于中日两国；从时间维度来看，战争的起止时间亦存在着推敲斟酌的余地。大谷教授正是采用这种由表及里、纵横拓展的做法，自问题的表象渐次深入性质的研究，展现了本书的与众不同。

同时亦因在媒体史领域有着相当之造诣，大谷教授还在书中专门以一章的篇幅详细考察了日本媒体与战争的关系。尤其针对当时的随军记者、新闻报道、画报摄影展开了集中而细致的探讨，让我们看到了甲午战争的另一面。可以说正是有了这些媒体的参与，日本近代的自我意识与身份认同在战争过程中得到了进一步的强化，近代民族国家渐告巩固。但同时亦不可忘记，正是在此影响之下，日本民族的自负感与优越感乃至对外扩张的野心迅速膨胀，最终走向了侵略的不归路。甲午战争，终究是一场日本觊觎对朝支配权、谋求东亚霸主地位的非正义战争。这是我在翻译过程中反复提醒自己、时刻反思的一点。

拙记的末尾，我要对社会科学文献出版社的各位领导与同仁，尤其是李期耀老师为本书出版所做的大量工作表示衷心的感谢。同时亦要感谢姜鸣先生为本书审读作序，感谢日本千叶大学山田贤教授、赵景达教授、见城悌治教授，国学院大学樋口秀实教授，上海交通大学翟新教授、王选研究员，复旦大学许金生教授，苏州科技大学祝曙光教授，华东师范大学徐显芬教授，上海师范大学鸟羽厚郎老师长期以来对我的指导与帮助。为方便中国读者阅读，本书将"日清戦争"等日文词汇全部译成了中文的常用、惯用称呼。同时因译者的水平有限，难免会有疏漏误译之处，还望读者给予批评指正。

刘　峰
2019 年 2 月 9 日

图书在版编目(CIP)数据

甲午战争/(日)大谷正著;刘峰译. ——北京:社会科学文献出版社,2019.3(2023.2 重印)
 ISBN 978-7-5201-4335-6

Ⅰ.①甲… Ⅱ.①大… ②刘… Ⅲ.①中日甲午战争-研究 Ⅳ.①K256.307

中国版本图书馆 CIP 数据核字(2019)第 028301 号

甲午战争

著　者 / 〔日〕大谷正
译　者 / 刘　峰

出 版 人 / 王利民
项目统筹 / 李期耀
责任编辑 / 李期耀　陈肖寒
责任印制 / 王京美

出　　版 / 社会科学文献出版社·历史学分社(010)59367256
　　　　　地址:北京市北三环中路甲29号院华龙大厦　邮编:100029
　　　　　网址:www.ssap.com.cn
发　　行 / 社会科学文献出版社(010)59367028
印　　装 / 三河市东方印刷有限公司

规　　格 / 开　本:880mm×1230mm　1/32
　　　　　印　张:7.125　字　数:166千字
版　　次 / 2019年3月第1版　2023年2月第6次印刷
书　　号 / ISBN 978-7-5201-4335-6
著作权合同
登 记 号 / 图字01-2019-0841号
定　　价 / 59.00元

读者服务电话:4008918866

▲ 版权所有 翻印必究